발 행 일	2024년 09월 09일(1판 1쇄)
개 정 일	2025년 04월 01일(1판 2쇄)
I S B N	979-11-92695-50-1(13000)
정 가	12,000원

기 획	컴벤져스
집 필	강명지
진 행	김진원
본문디자인	디자인앨리스

발 행 처	㈜아카데미소프트
발 행 인	유성천
주 소	경기도 파주시 정문로 588번길 24
홈 페 이 지	www.aso.co.kr

※ 이 책은 저작권법에 따라 보호를 받는 저작물이므로 무단 전재와 무단 복제를 금지하며, 이 책 내용의 전부 또는 일부를 이용하려면 반드시 ㈜아카데미소프트의 서면동의를 받아야 합니다.

엑셀 화면 구성 알아보기

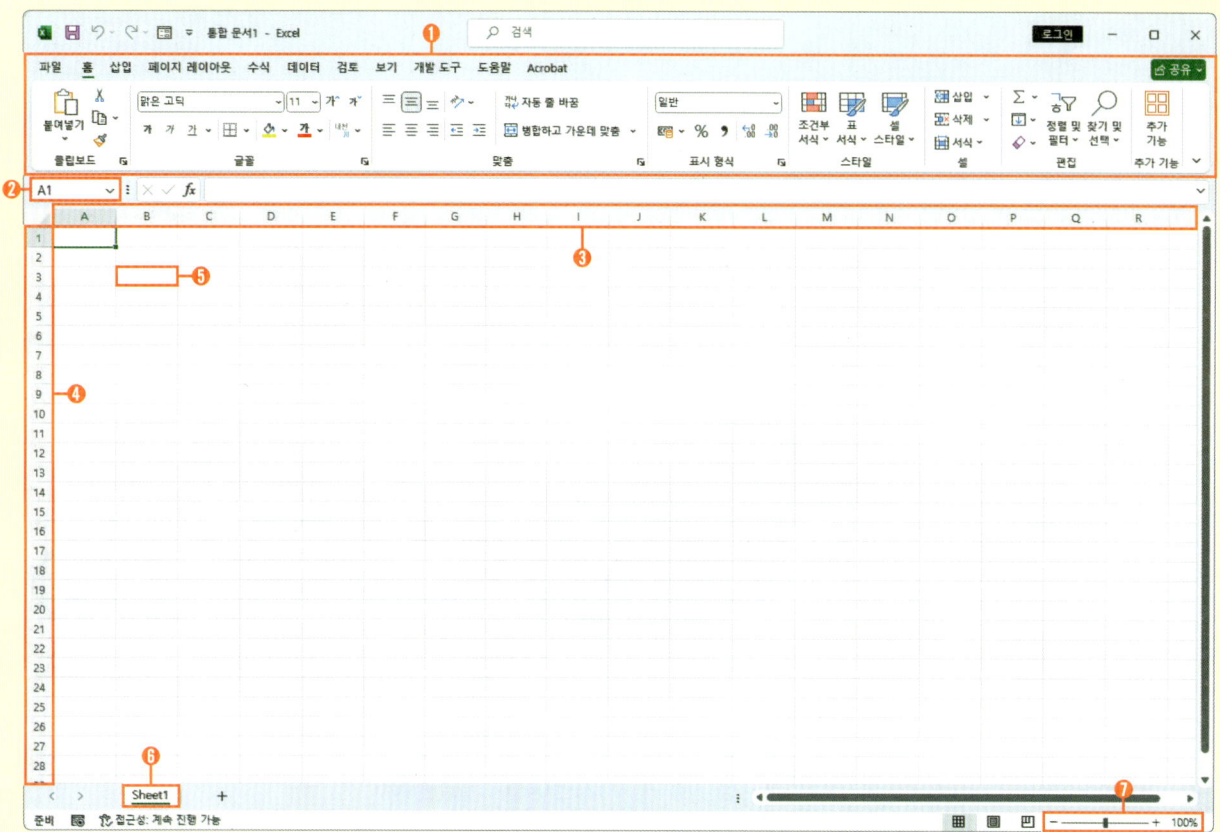

❶ **메뉴와 도구** : 여러 가지 일을 할 수 있는 도구들을 선택할 수 있습니다. 선택한 메뉴에 따라 다른 도구들이 보입니다.

❷ **이름 상자** : 선택한 셀의 위치를 알려 줍니다.

❸ **열** : 알파벳 A, B, C ~ XFD까지 있습니다. 왼쪽 또는 오른쪽으로 이동할 수 있는 칸을 의미합니다.
　　Ctrl + → 키를 누르면 맨 오른쪽으로 이동하고 Ctrl + ← 키를 누르면 맨 왼쪽으로 이동합니다.

❹ **행** : 숫자 1, 2, 3, 4, 5 ~ 1048576까지 있습니다. 위 또는 아래로 이동할 수 있는 칸을 의미합니다.
　　Ctrl + ↑ 키를 누르면 맨 아래까지 이동하고 Ctrl + ↓ 키를 누르면 맨 위까지 이동합니다.

❺ **셀** : 행과 열이 만나는 칸입니다. 실제로 내용을 입력하는 부분입니다.

❻ **시트 탭** : 새로운 작업 화면을 추가하거나, 이동, 복사, 삭제할 수 있습니다.

❼ **확대 및 축소** : 화면을 볼 수 있는 크기를 크게 하거나 작게 할 수 있습니다.

엑셀 2021 꿀트리 ②

이런 내용으로 구성되어 있어요!

■ **완성작품 미리보기**

각 장별로 스토리를 소개하고 완성 작품을 미리 확인할 수 있어요.

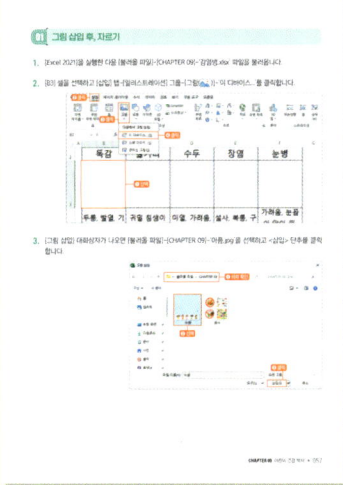

■ **본문 따라하기**

엑셀 2021의 여러 가지 기능들을 체계적으로 학습할 수 있도록 구성되어 있어요.

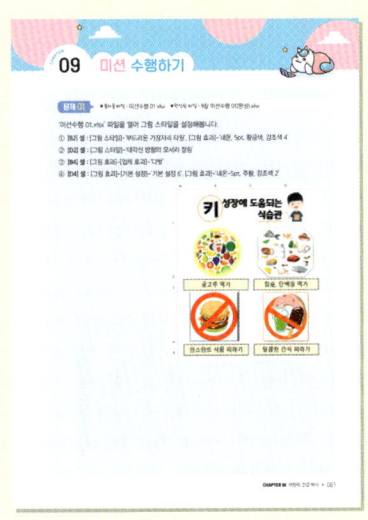

■ **연습문제**

앞에서 배운 내용을 다시 한 번 복습할 수 있도록 미션 수행 문제를 제공합니다. 그리고 중간점검과 최종점검으로 배운 내용을 점검할 수 있도록 구성되어 있어요.

CONTENTS

CHAPTER 01 — 그림 퍼즐 맞추기 … 006

CHAPTER 02 — 나를 소개합니다. … 012

CHAPTER 03 — 세계 최고의 번역가 … 020

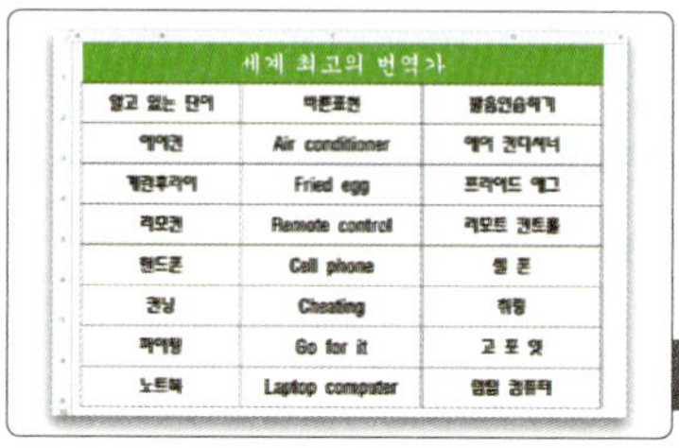

CHAPTER 04 — 숨은 도구를 찾아요. … 026

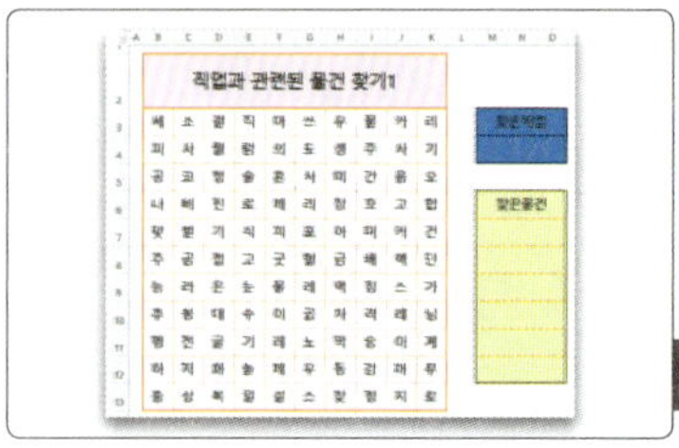

CHAPTER 05 — 내가 바로 국어 왕! … 032

CHAPTER 06 — 나는 암호 해독가 … 038

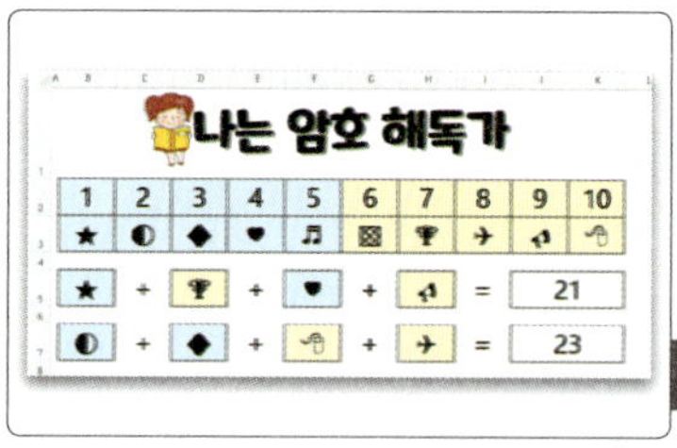

CHAPTER 07 — 한자로 가족을 알아보아요. … 044

CHAPTER 08 — 맛있는 음악을 만들어요. … 050

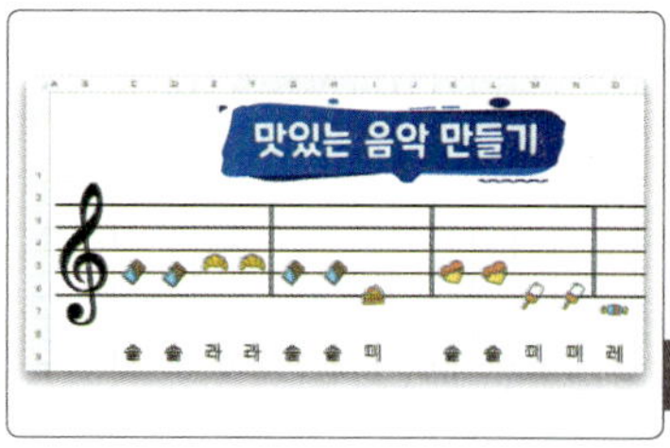

CHAPTER 09 — 어린이 건강 박사 … 056

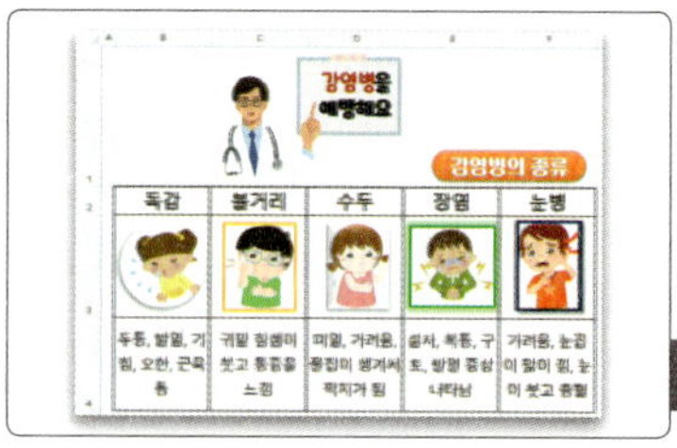

CHAPTER 10 — 내 물건은 내가 챙겨요. … 062

CHAPTER 11 — 나는야 동물 박사 … 068

CHAPTER 12 — 피자가게를 운영해요. … 074

그림 퍼즐 맞추기

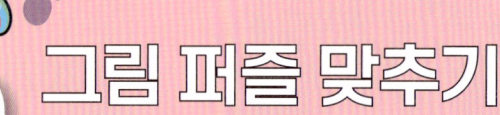

● 불러올 파일 : 그림 퍼즐.xlsx   ● 완성된 파일 : 그림 퍼즐(완성).xlsx

학습목표

- 행, 열, 셀의 개념을 알아봅니다.
- 행, 열, 셀을 선택합니다.

오늘 배울 기능 : 행, 열, 셀 선택, 저장

완성작품 미리보기

스토리 소개 표에 숫자를 넣어서 계산하기 쉽게 도와주는 프로그램을 스프레드시트라고 합니다. 전 세계적으로 가장 많이 이용되는 스프레드시트 프로그램은 엑셀입니다. 오늘은 엑셀에서 가장 기본이 되는 행 높이와 열 너비를 변경하고 셀이 무엇인지 알아보겠습니다.

 **엑셀 파일 불러오기**

1. [Excel 2021] 프로그램을 실행한 후, [열기]-[찾아보기]를 클릭합니다.

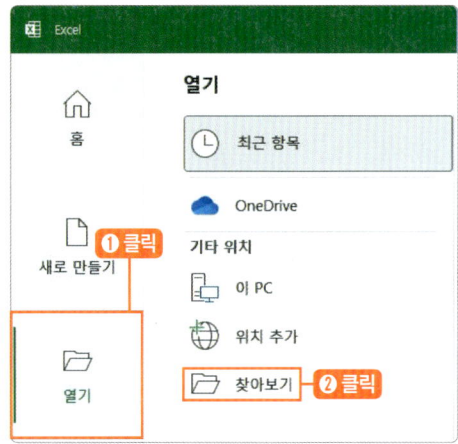

2. [열기] 대화상자가 나오면 [불러올 파일]-[CHAPTER 01]-'그림 퍼즐.xlsx' 파일을 선택하고 <열기> 단추를 클릭합니다.

02 행, 열, 셀 선택하기

1. 마우스로 '내가 먹고 싶은 것들' 텍스트가 입력된 셀을 클릭합니다.
   ※ 마우스 포인터가 ✚ 모양으로 바뀌고 [B1] 셀이 선택된 것을 [이름 상자(B1 ▽)]에서도 확인할 수 있습니다.

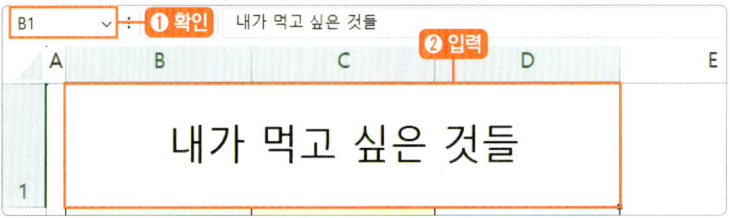

2. 마우스로 C열 머리글을 클릭하면 마우스 포인터가 ⬇ 모양으로 변경되고 C열 전체가 선택됩니다.

※ 마우스 가운데에 있는 휠 단추를 아래쪽으로 굴리면 아래쪽 화면이 나타나고 휠 단추를 위쪽으로 굴리면 위쪽 화면이 나타납니다.

3. 마우스로 3행 머리글을 클릭하면 마우스 포인터가 ➡ 모양으로 변경되며 위에서 선택한 C열 선택이 취소되고 3행 전체가 선택됩니다.

4. [C2] 셀을 마우스로 클릭하고 Ctrl + ⬇ 키를 누르면 커서가 위치한 맨 마지막 [C1048576] 셀이 선택됩니다.

※ 커서가 위치한 맨 처음 [B1] 셀로 이동할 경우 Ctrl + ⬆ 키를 누르면 됩니다.

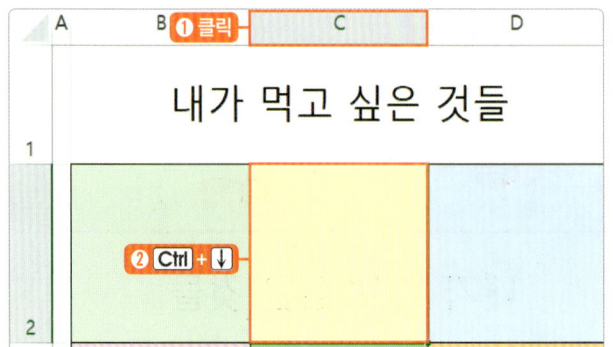

5. [B1] 셀을 선택하고 Ctrl + → 키를 누르면 커서가 위치한 맨 마지막 [XFD1] 셀이 선택됩니다.

   ※ 커서가 위치한 맨 처음 [B1] 셀로 이동할 경우 Ctrl + ← 키를 누르면 됩니다.

6. 마우스로 [이름 상자(B1 ▼)]를 더블클릭한 다음 'D31'을 입력하고 Enter 키를 누르면 [D31] 셀이 선택됩니다.

   ※ 입력할 때는 대소문자를 구별하여 입력하지 않아도 됩니다.

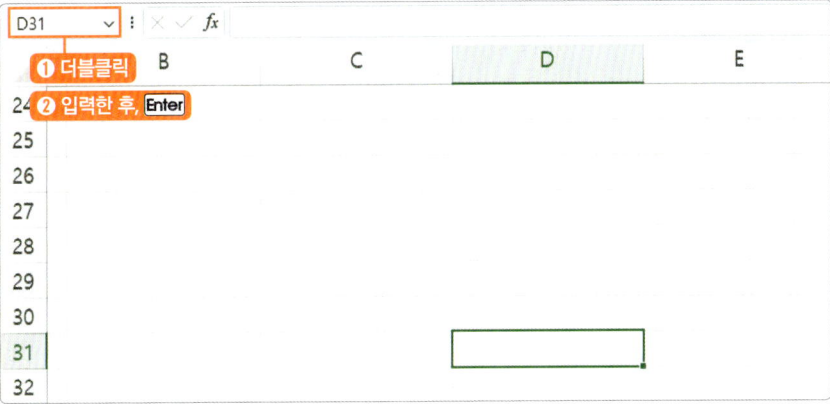

7. 같은 방법으로 [이름 상자]를 더블클릭한 다음 'A1'을 입력하고 Enter 키를 누르면 [A1] 셀이 선택됩니다.

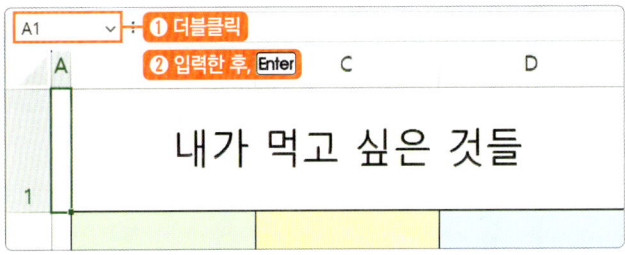

03 셀에 그림 넣고 저장하기

1. [E2] 셀에 있는 '쿠키' 그림을 마우스로 드래그해서 원하는 위치의 셀에 놓습니다.

2. 나머지 그림들도 원하는 위치의 셀에 드래그해서 놓은 후, [파일]-[다른 이름으로 저장하기]-[찾아보기]를 클릭합니다.

3. [다른 이름으로 저장] 대화상자가 나오면 본인의 폴더를 선택한 후, 파일 이름을 '그림 퍼즐(완성)'으로 입력합니다. 이어서, <저장> 단추를 클릭합니다.

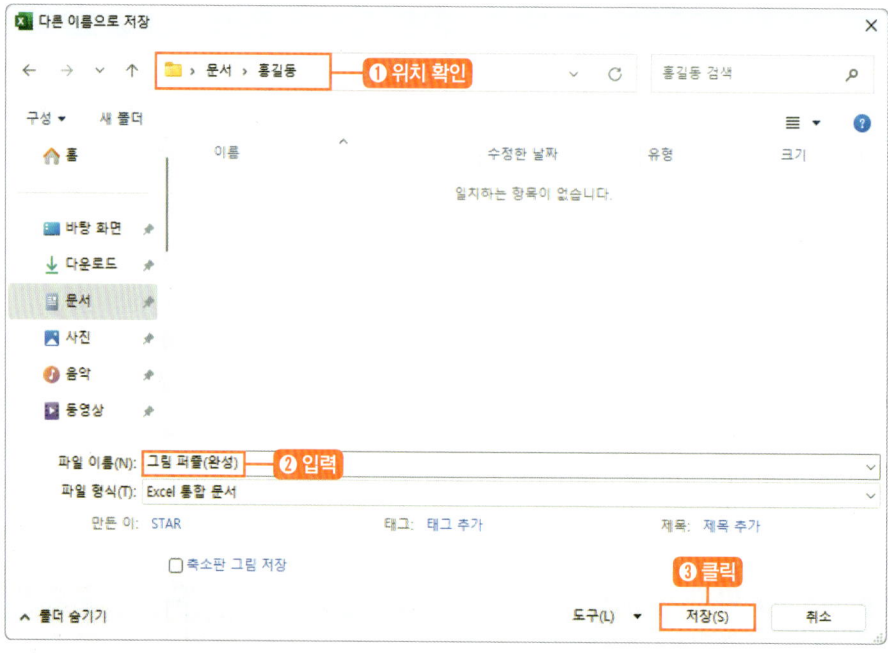

CHAPTER 01 미션 수행하기

문제 01 ● 불러올 파일 : 미션수행 01.xlsx   ● 완성된 파일 : 미션수행 01(완성).xlsx

'미션수행 01.xlsx' 파일을 열어 그림을 원하는 위치에 드래그해서 완성해 봅니다.

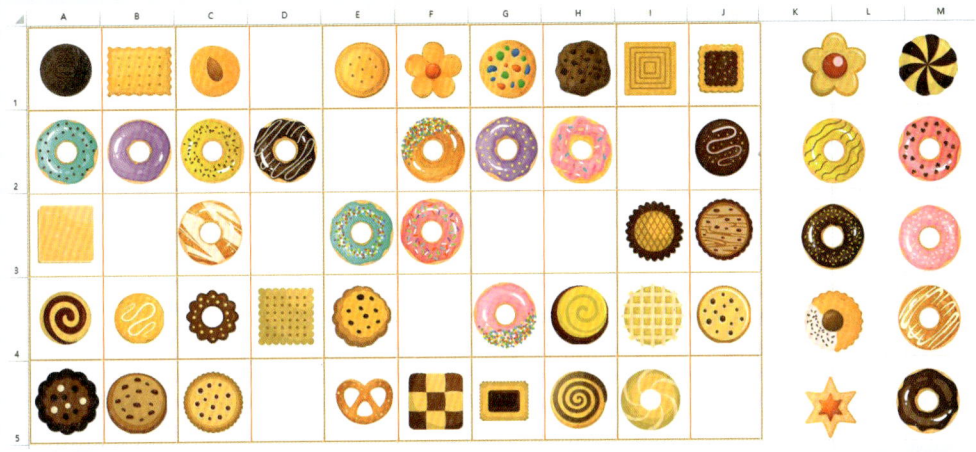

문제 02 ● 불러올 파일 : 없음   ● 완성된 파일 : 없음

아래 그림을 보고 쿠키의 셀 주소를 적어봅니다.

CHAPTER 02 나를 소개합니다.

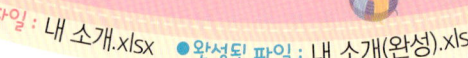
● 불러올 파일 : 내 소개.xlsx   ● 완성된 파일 : 내 소개(완성).xlsx

학습목표

- 행 높이와 열 너비를 설정합니다.
- 글자를 입력하고 서식을 설정합니다.
- 그림을 삽입합니다.

오늘 배울 기능 : 행 높이, 열 너비, 글자 서식 변경, 그림 삽입

완성작품 미리보기

스토리 소개

새로운 친구들을 만나는 시간에 자기소개하는 것은 매우 중요합니다. 나의 좋은 첫인상을 남기고 서로를 더 잘 알아가는 단계가 될 수 있습니다. 오늘은 상대방이 관심을 가질 수 있는 주제나 활동에 대해 준비를 하여 글자를 입력하고 기본 서식을 지정하는 방법을 알아보겠습니다.

행 높이와 열 너비 설정하기

1. [Excel 2021]을 실행한 후, [열기]-[찾아보기]를 클릭합니다.

2. [열기] 대화상자가 나오면 [불러올 파일]-[CHAPTER 02]-'내 소개.xlsx' 파일을 선택하고 <열기> 단추를 클릭합니다.

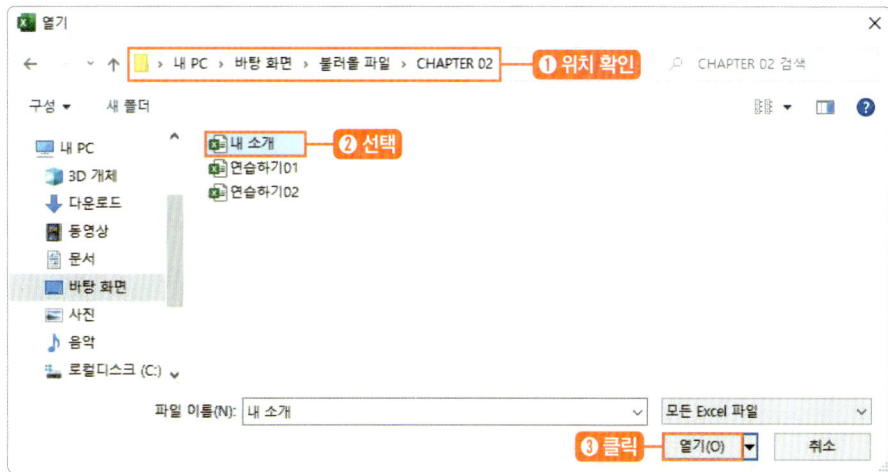

3. B열~H열까지 드래그한 다음 B열 머리글에서 마우스 오른쪽 단추를 눌러 [열 너비]를 클릭합니다.

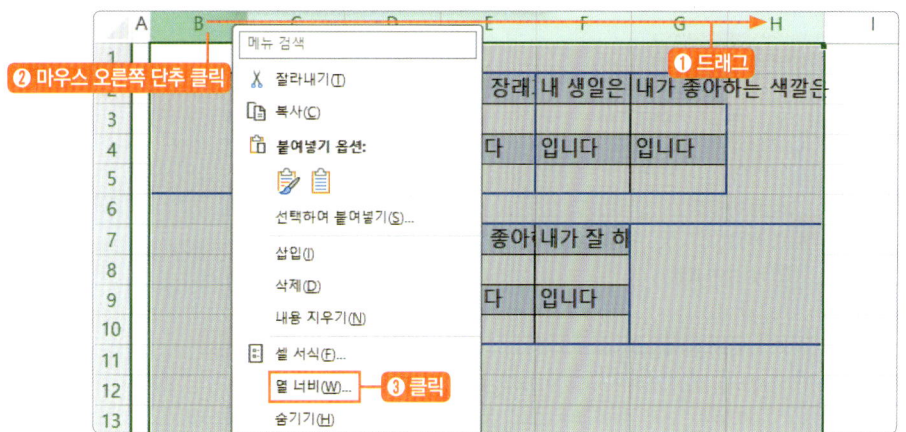

4. [열 너비] 대화상자의 입력 칸에 '18'을 입력한 다음 <확인> 단추를 클릭합니다.

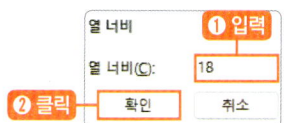

5. 2행~10행까지 드래그한 다음 2행 머리글에서 마우스 오른쪽 단추를 눌러 [행 높이]를 클릭합니다.

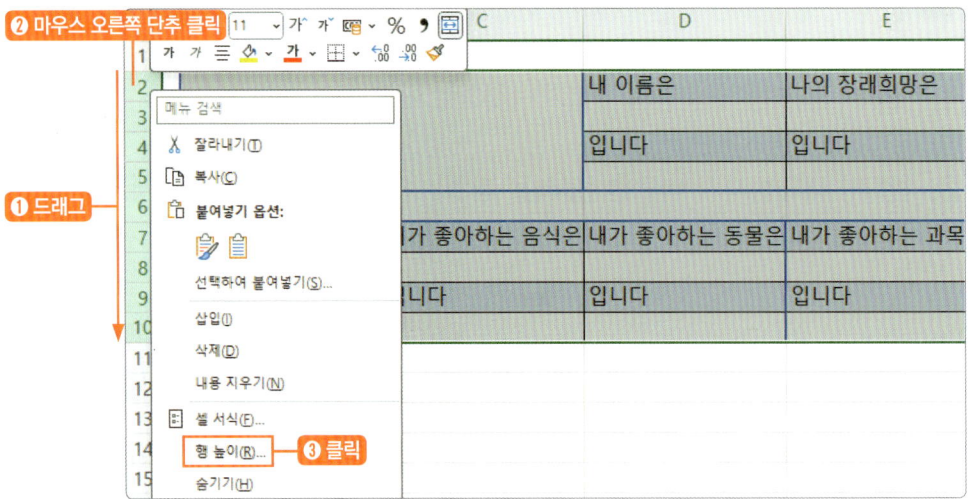

6. [행 높이] 대화상자의 입력 칸에 '60'을 입력한 다음 <확인> 단추를 클릭합니다.

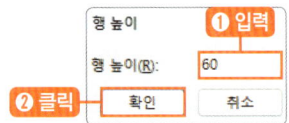

7. 6행 머리글에서 마우스 오른쪽 단추를 눌러 [행 높이]를 '20'으로 입력한 다음 <확인> 단추를 클릭합니다.

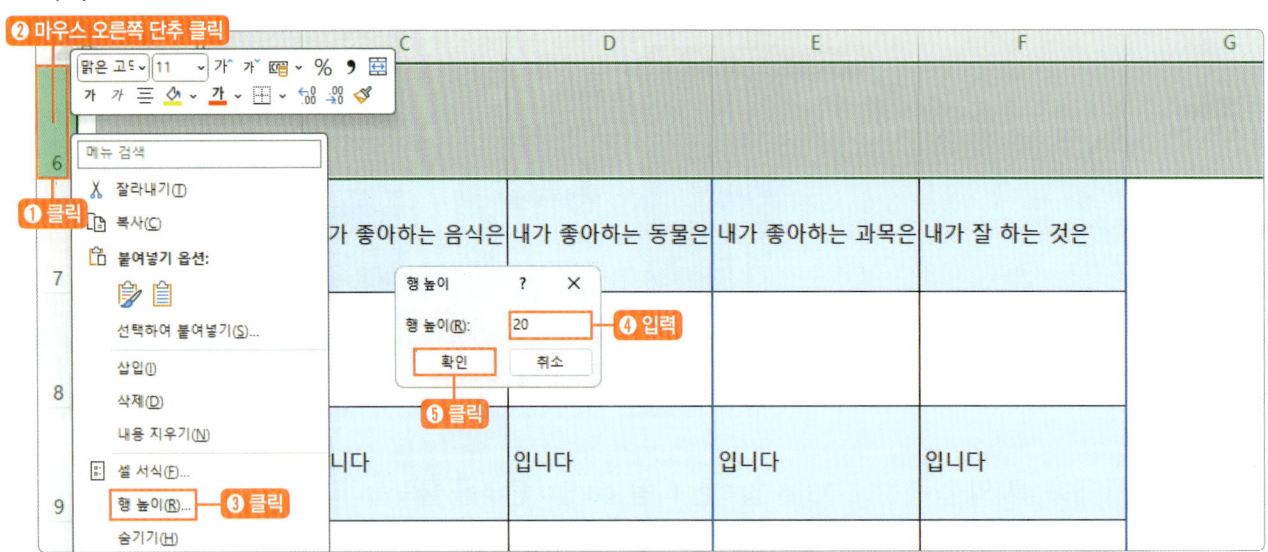

02 글자 입력하고 서식 설정하기

1. [D2] 셀부터 [G2] 셀까지 입력된 내용을 확인하고 [D3] 셀부터 [G3] 셀까지 내용을 입력합니다. 이어서, 같은 방법으로 내용을 확인한 다음 [C8] 셀부터 [F8] 셀까지 내용을 입력합니다.

2. B열~H열까지 드래그한 다음 [홈] 탭-[글꼴] 그룹-'글꼴(맑은 고딕)'의 목록 단추(˅)를 눌러서 원하는 글꼴을 선택합니다.

※ 교재의 사용된 글꼴은 '휴먼모음T'입니다.

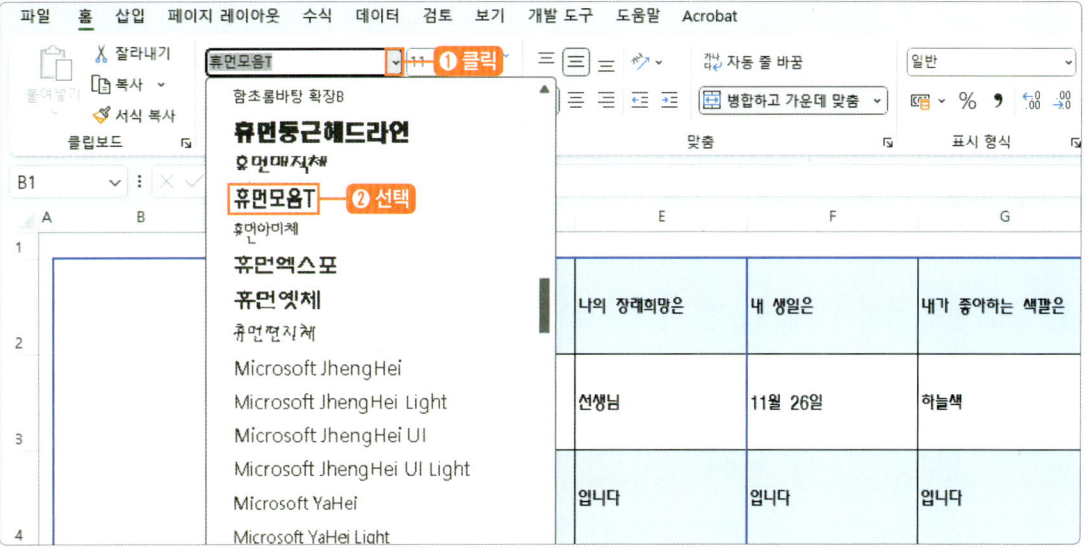

3. [글꼴 크기]의 목록 단추(˅)를 눌러서 '20'을 클릭합니다.

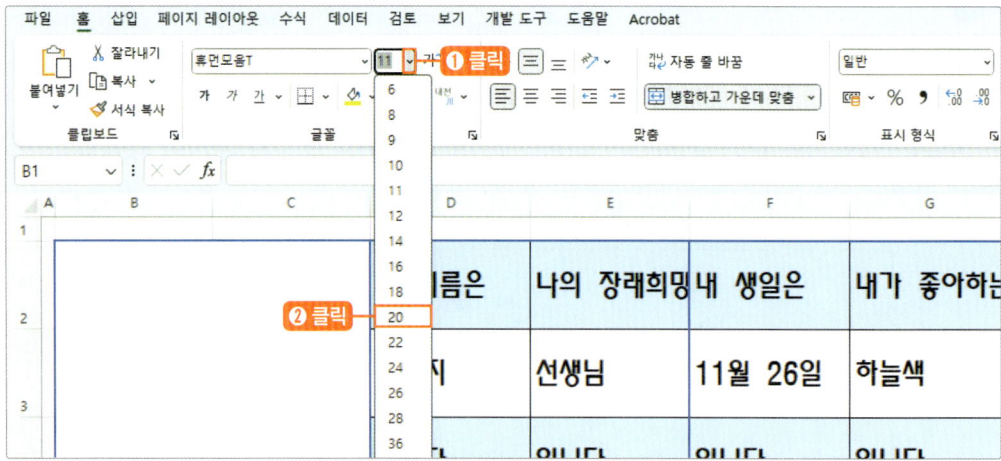

4. [홈] 탭-[맞춤] 그룹-'가운데 맞춤'을 클릭한 후, [자동 줄 바꿈]을 클릭합니다.

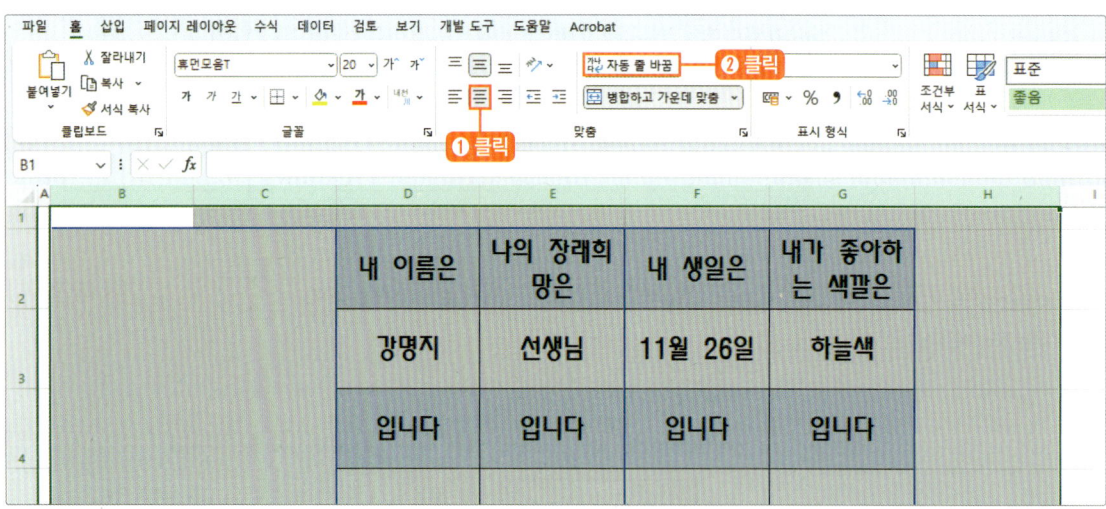

03 그림 삽입하기

1. [B2] 셀을 클릭하고 [삽입] 탭-[일러스트레이션] 그룹-[그림]-'이 디바이스...'를 클릭합니다.

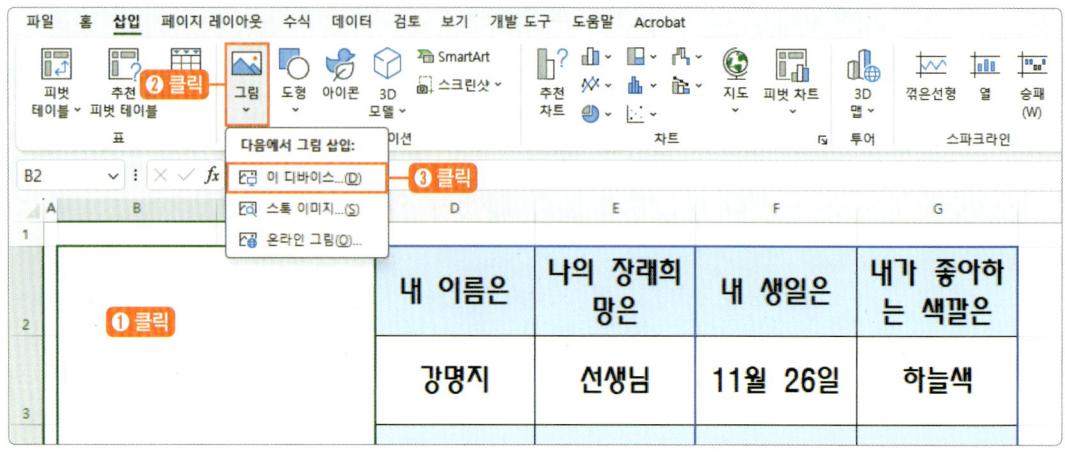

2. [그림 삽입] 대화상자가 나오면 [보기를 변경합니다(▦▾)]를 여러 번 눌러 큰 그림이 보이도록 변경합니다. 이어서, [불러올 파일]-[CHAPTER 02]-'자기소개.jpg'를 선택하고 <삽입> 단추를 클릭합니다.

3. 삽입한 그림의 오른쪽 끝 조절점(○)을 드래그해서 크기를 조절하고 위치를 이동합니다.
   ※ 그림이 선택된 상태에서 키보드의 방향키인 ↑, ↓, →, ← 키로 그림 위치를 설정할 수도 있습니다.

4. 같은 방법으로 [G2] 셀을 클릭하고 '감사합니다.jpg'를 삽입한 후, 크기를 조절하고 위치를 이동합니다.

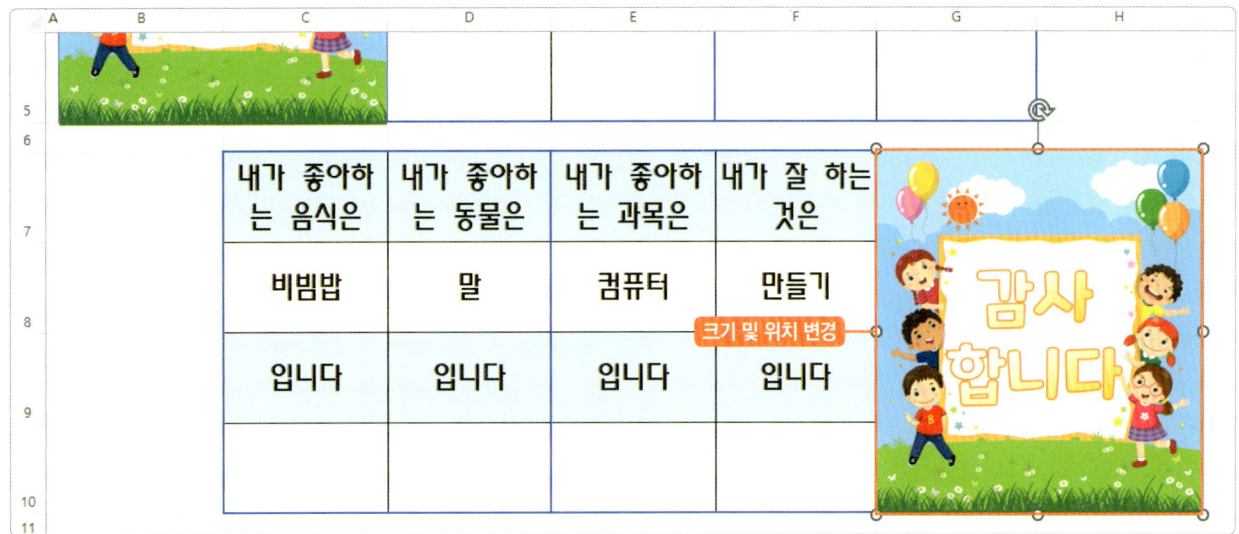

CHAPTER 02 나를 소개합니다. ● 017

그림 여러 개 삽입하고 저장하기

1. [D5] 셀을 클릭하고 [삽입] 탭-[일러스트레이션] 그룹-[그림]-'이 디바이스…'를 클릭합니다.

2. [그림 삽입] 대화상자가 나오면 '숫자1'을 선택하고 **Shift** 키를 누른 채 '숫자8'을 클릭한 다음 <삽입> 단추를 누릅니다.

3. 삽입한 그림의 크기를 조절하고 다음과 같이 각 셀에 드래그해서 놓습니다.
   ※ 그림이 여러 개 선택된 상태에서 크기 조절점을 드래그하면 같이 조절됩니다.

4. [파일] 탭-[다른 이름으로 저장하기]-[찾아보기]를 클릭합니다. 이어서, [다른 이름으로 저장] 대화상자가 나오면 저장할 폴더에 '내 소개(완성)'으로 입력하고 <저장> 단추를 클릭합니다.

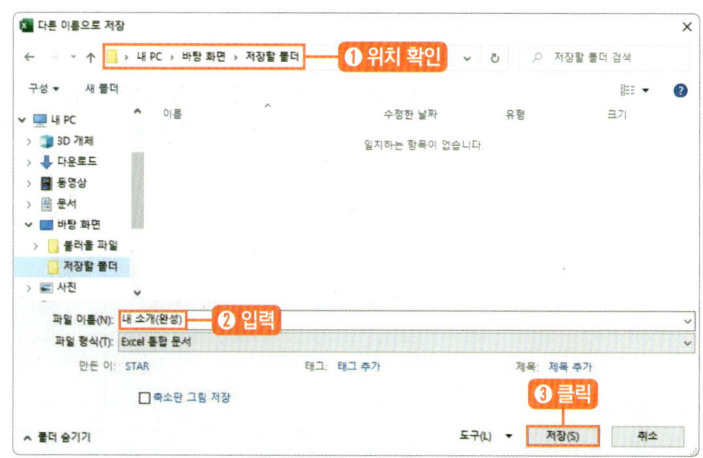

CHAPTER 02 미션 수행하기

문제 01
● 불러올 파일 : 미션수행 01.xlsx ● 완성된 파일 : 미션수행 01(완성).xlsx

'미션수행 01.xlsx' 파일을 열어 아래 그림을 참고하여 완성해 봅니다.

① 2행의 [행 높이]를 '60'으로 설정합니다.
② 3행과 5행의 [행 높이]를 '130', 4행의 [행 높이]를 '60'으로 설정합니다.
③ A열의 [열 너비]를 '2'로 설정합니다.
④ B열~F열까지 선택하고 [열 너비]를 '20'으로 설정합니다.
⑤ [B3] 셀부터 [F5] 셀까지 드래그해서 글꼴 크기를 '16'으로 설정합니다.

문제 02
● 불러올 파일 : 미션수행 02.xlsx ● 완성된 파일 : 미션수행 02(완성).xlsx

'미션수행 02.xlsx' 파일을 열어 아래 그림을 참고하여 완성해 봅니다.

① [B5] 셀부터 [F5] 셀까지 드래그해서 [홈] 탭-[맞춤] 그룹에서 [자동 줄 바꿈]을 클릭합니다.
② [B3] 셀부터 [F3] 셀까지 '친구얼굴1.png', '친구얼굴2.png', '친구얼굴3.png', '친구얼굴4.png', '친구얼굴5.png'를 차례대로 삽입합니다.

CHAPTER 03 세계 최고의 번역가

● 불러올 파일 : 번역가.xlsx   ● 완성된 파일 : 번역가.xlsx

학습목표

- 영어를 입력합니다.
- 글꼴 서식을 설정합니다.

오늘 배울 기능 : 영어 입력, 글꼴, 글꼴 색, 채우기 색

완성작품 미리보기

세계 최고의 번역가		
알고 있는 단어	바른표현	발음연습하기
에어컨	Air conditioner	에어 컨디셔너
계란후라이	Fried egg	프라이드 에그
리모컨	Remote control	리모트 컨트롤
핸드폰	Cell phone	셀 폰
컨닝	Cheating	취팅
파이팅	Go for it	고 포 잇
노트북	Laptop computer	랩탑 컴퓨터

스토리 소개

다른 나라의 언어를 우리말로 바꾸거나 우리말을 다른 나라 언어로 바꾸는 일을 하는 사람을 번역가라고 합니다. 출판번역, 영상번역, 게임번역 등의 일을 할 수 있습니다. 오늘은 영어를 입력하여 셀 채우기 서식과 글꼴 서식을 지정하는 방법에 대해 알아보겠습니다.

01 영어 글자 입력하기

1. [Excel 2021]을 실행하고 [열기]-[찾아보기]를 클릭합니다. 이어서, [열기] 대화상자에서 [불러올 파일]-[CHAPTER 03]-'번역가.xlsx' 파일을 선택하고 <열기> 단추를 클릭합니다.

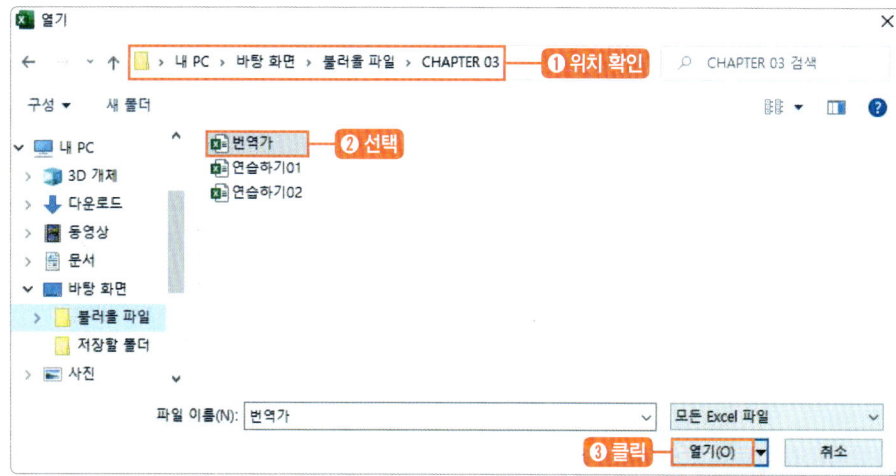

2. 글자를 입력하기 전 한/영 키를 눌러 언어 표시 상태가 'A'로 표시가 되어 있는지 확인합니다. 모니터의 오른쪽 아래를 보고 확인합니다.

3. [C3] 셀을 클릭하여 'Air conditioner'를 입력합니다.

   ※ 영어 대문자를 입력하려면 Shift 키를 누른 채 글자를 입력하거나, Caps Lock 키를 누르면 대문자로 고정되어 입력됩니다. Caps Lock 키를 다시 한번 더 누르면 소문자로 고정됩니다.

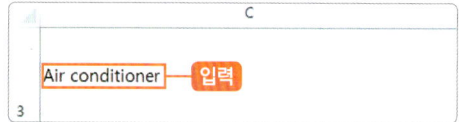

4. 각 셀을 클릭하여 아래와 같이 영어 단어를 입력합니다.
   - [C4] 셀 : 'Fried egg', [C5] 셀 : 'Remote control', [C6] 셀 : 'Cell phone'
   - [C7] 셀 : 'Cheating', [C8] 셀 : 'Go for it', [C9] 셀 : 'Laptop computer'

02 제목 셀에 글꼴 서식 설정하기

1. [B1] 셀을 클릭하고 [홈] 탭-[글꼴] 그룹-'글꼴(맑은 고딕 ˅)'의 목록 단추(˅)를 눌러 '궁서'를 선택합니다. 이어서, [글꼴 크기(11 ˅)]의 목록 단추(˅)를 눌러 '36'을 선택합니다.

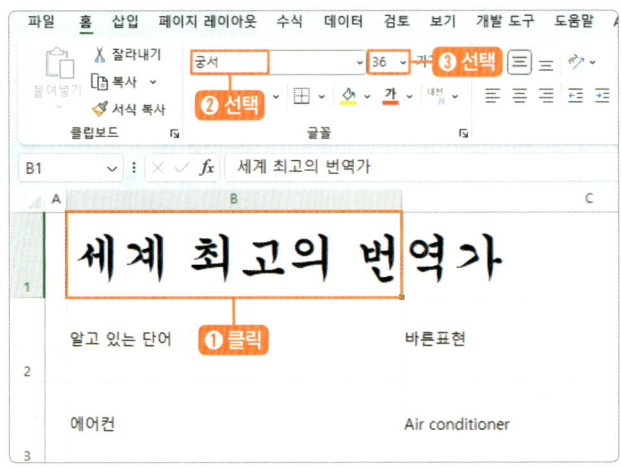

2. [채우기 색(🎨)]의 목록 단추(˅)를 눌러 '녹색, 강조 6'을 선택하고 [글꼴 색(가)]의 목록 단추(˅)를 눌러 '흰색, 배경 1'을 선택합니다.

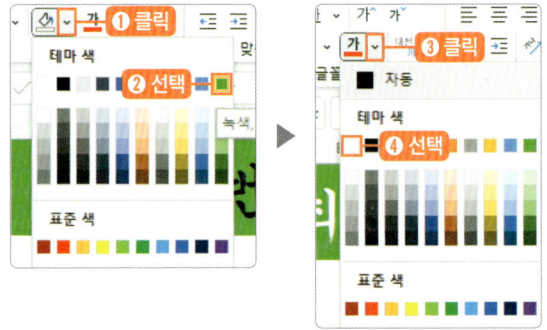

3. [B1] 셀부터 [D1] 셀까지 드래그해서 선택하고 [홈] 탭-[맞춤] 그룹-'병합하고 가운데 맞춤(🔲)'을 클릭합니다.

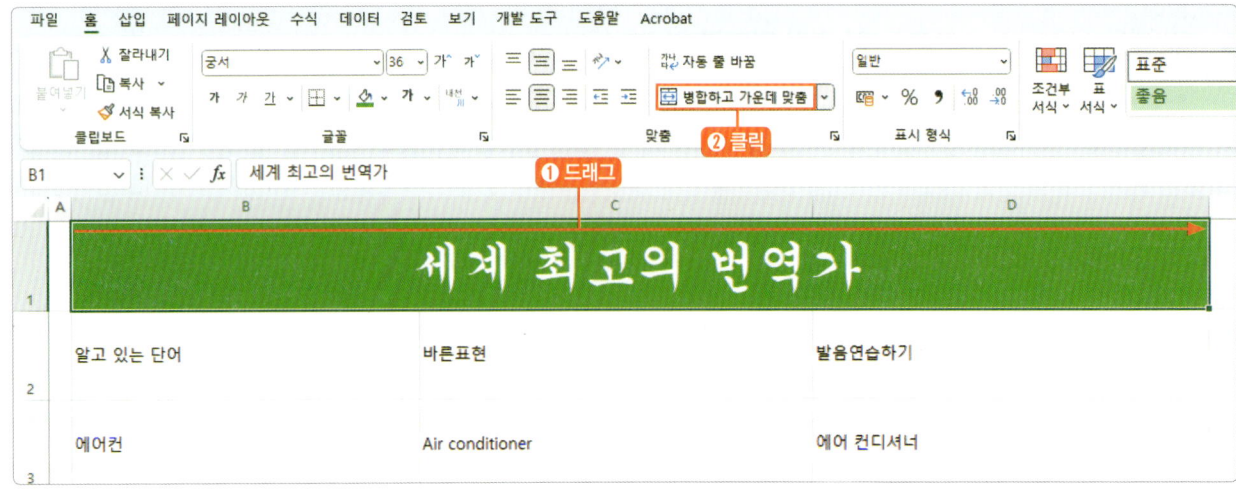

03 내용 셀에 글꼴 서식 설정하기

1. [B2] 셀부터 [D9] 셀까지 드래그해서 선택하고 [홈] 탭-[글꼴] 그룹-'글꼴(맑은 고딕)'의 목록 단추(▾)를 눌러 '휴먼모음T'를 선택합니다. 이어서, [글꼴 크기(11)]의 목록 단추(▾)를 눌러 '26'을 클릭합니다.

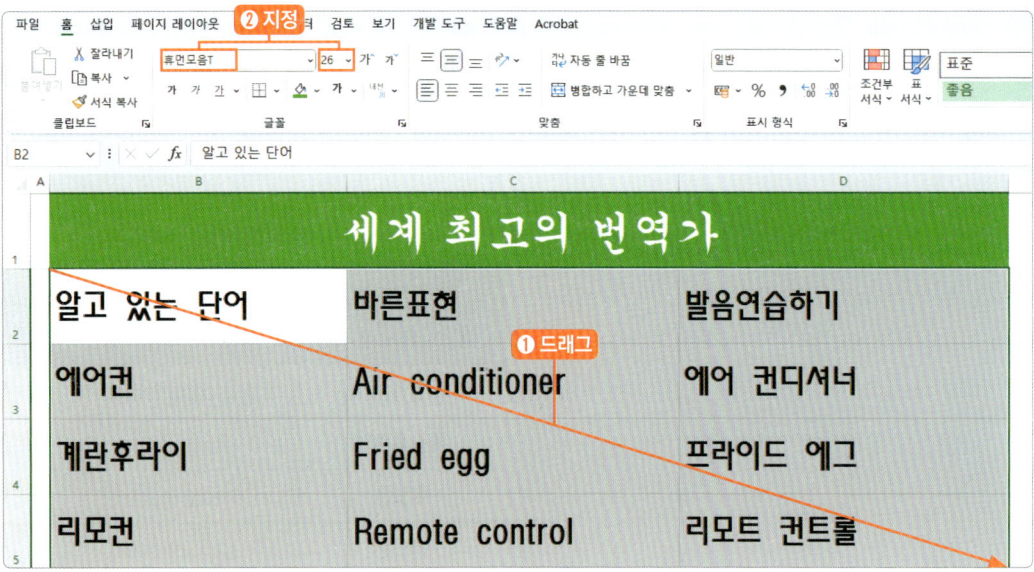

2. [아래쪽 테두리(⊞)]의 목록 단추(▾)를 눌러 [모든테두리(⊞)]를 선택합니다. 이어서, [홈] 탭-[맞춤] 그룹-'가운데 맞춤(≡)'을 클릭합니다.
   ※ 영역 지정이 된 상태에서 테두리를 변경합니다.

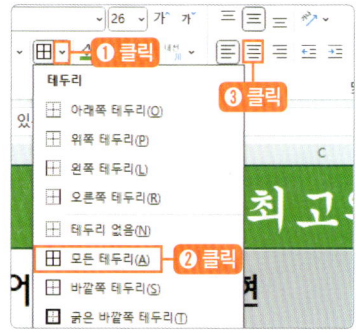

3. [파일] 탭-[다른 이름으로 저장하기]-[찾아보기]를 클릭합니다. 이어서, [다른 이름으로 저장] 대화상자가 나오면 저장할 폴더에 '번역가(완성)'으로 입력하고 <저장> 단추를 클릭합니다.

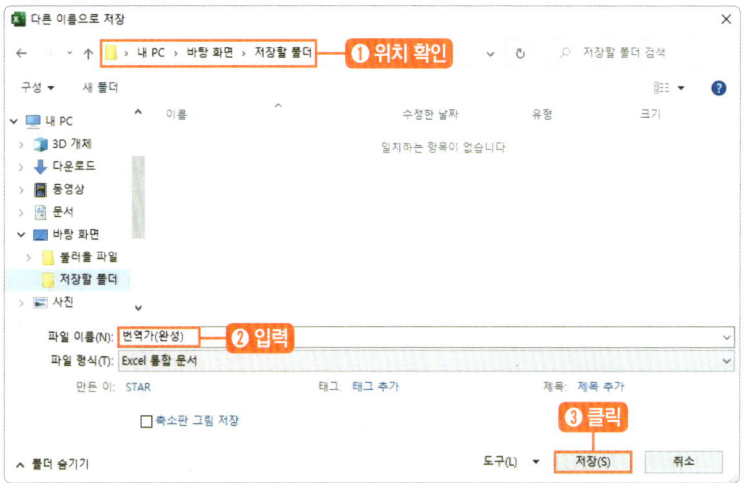

CHAPTER 03 미션 수행하기

문제 01
● 불러올 파일 : 미션수행 01.xlsx ● 완성된 파일 : 미션수행 01(완성).xlsx

'미션수행 01.xlsx' 파일을 열어 아래 그림을 참고하여 완성해 봅니다.

① [B2] 셀부터 [D2] 셀까지 [채우기 색]-'파랑, 강조 5'로 설정합니다.
② [C3] 셀부터 [C9] 셀까지 [채우기 색]-'황금색, 강조 4, 80% 더 밝게'로 설정합니다.
③ [C3] 셀부터 [C9] 셀까지 [글꼴 색]-'진한 빨강'으로 설정합니다.

알고 있는 단어	세계 최고의 번역가	
	바른표현	발음연습하기
에어컨	Air conditioner	에어 컨디셔너
계란후라이	Fried egg	프라이드 에그
리모컨	Remote control	리모트 컨트롤
핸드폰	Cell phone	셀 폰
컨닝	Cheating	취팅
파이팅	Go for it	고 포 잇
노트북	Laptop computer	랩탑 컴퓨터

문제 02
● 불러올 파일 : 미션수행 02.xlsx ● 완성된 파일 : 미션수행 02(완성).xlsx

'미션수행 02.xlsx' 파일을 열어 아래 그림을 참고하여 완성해 봅니다.

① [글꼴]은 임의의 글꼴로 지정합니다.
② 오른쪽 표에서 '찾을 단어'를 보고 왼쪽 표에 맞는 단어를 찾아서 글꼴 색을 지정합니다.

단어 보드 게임판						찾을 단어	글자색
fun	ship	bell	candy	gift		고양이	자주
tree	star	toys	house	egg		별	빨강
apple	baby	yellow	dog	bread		사탕	진한빨강
cake	door	face	game	smile		얼음	파랑
ice	juice	key	moon	orange		개	주황
oil	party	pig	red	cat		얼굴	녹색

024 ● 어린이_꿈트리2_엑셀 2021

CHAPTER 04 숨은 도구를 찾아요!

● 불러올 파일 : 직업과 도구.xlsx   ● 완성된 파일 : 직업과 도구(완성).xlsx

학습목표

- 셀에 다른 테두리 색, 사용자 지정 색을 설정합니다.
- 셀에 다른 채우기 색, 사용자 지정 색을 설정합니다.

오늘 배울 기능 : 병합하고 가운데 맞춤, 선 색, 다른 테두리, 다른 채우기 색

완성작품 미리보기

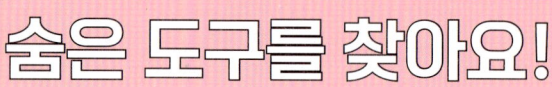

직업과 관련된 물건 찾기1

A	B	C	D	E	F	G	H	I	J	K
세	소	결	직	마	쓰	우	물	카	리	
피	사	월	람	의	도	생	주	사	기	
공	코	청	술	혼	사	미	간	음	오	
나	비	진	료	메	리	장	호	고	합	
맞	별	기	식	피	포	아	미	커	건	
주	곰	접	고	굿	혈	금	배	엑	단	
능	라	은	눈	물	레	액	징	스	가	
추	붕	대	수	이	곱	차	격	레	님	
행	전	글	기	레	노	딱	숭	이	계	
하	자	화	늘	메	우	동	감	마	무	
춤	상	복	일	설	스	찾	정	지	로	

찾은직업

찾은물건

스토리 소개

우리가 몸이 아프면 병원에 갑니다. 의사는 여러 가지 질병을 찾아내어 치료와 처방을 하는 일을 합니다. 그러기 위해서는 여러 가지 물건들이 필요합니다. 어떤 물건들이 필요한지 오늘은 숨어 있는 도구들을 찾아서 입력해보고 셀 서식을 저장해 보겠습니다.

셀 병합하고 가운데 맞춤 설정하기

1. [Excel 2021]을 실행한 다음 [불러올 파일]-[CHAPTER 04]-'직업과 도구.xlsx' 파일을 불러옵니다.

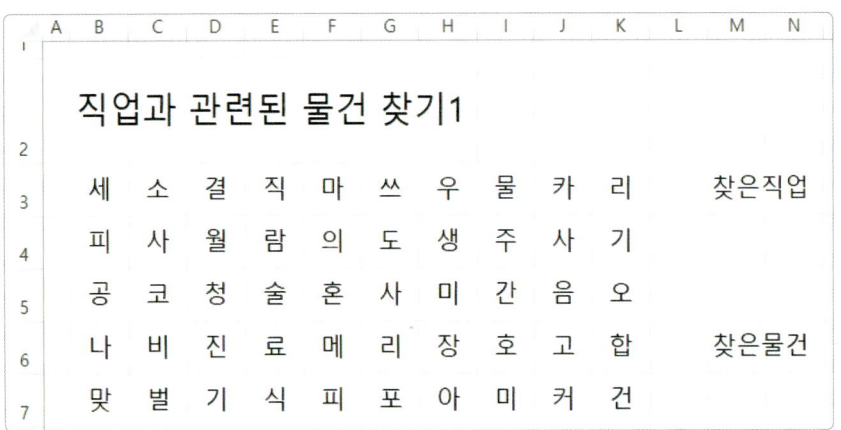

2. [B2] 셀부터 [K2] 셀까지 드래그해서 선택하고, [홈] 탭-[맞춤] 그룹-'병합하고 가운데 맞춤(圄)'을 클릭합니다.

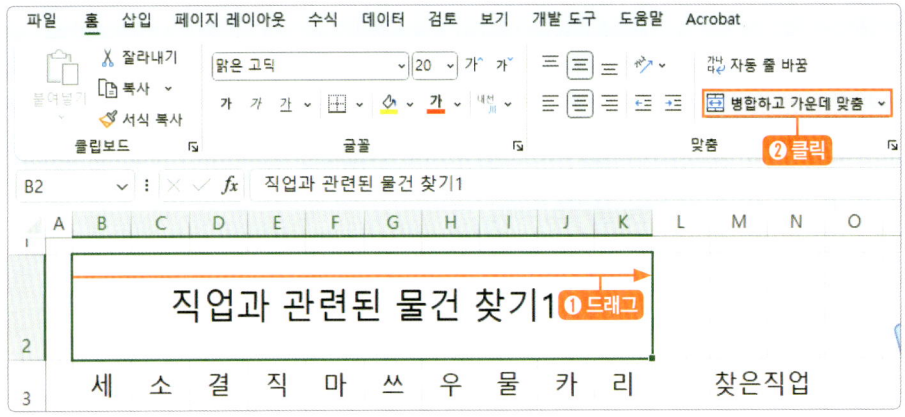

3. [M3] 셀부터 [O3] 셀까지 드래그한 다음 Ctrl 키를 누른 채 [M4] 셀부터 [O4] 셀까지 드래그합니다. 이어서, [병합하고 가운데 맞춤(圄)]을 클릭합니다.

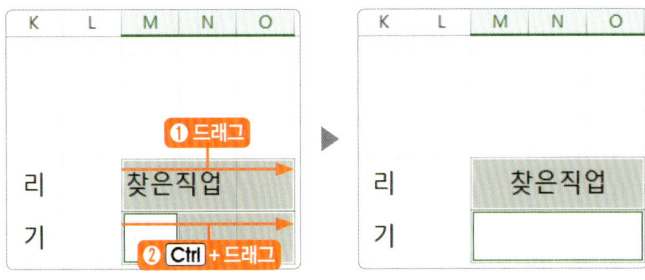

5. 같은 방법으로 다음과 같이 Ctrl 키를 누르면서 드래그한 다음 [병합하고 가운데 맞춤()]을 클릭합니다.

※ 셀 범위 : [M6:O6], [M7:O7], [M8:O8], [M9:O9], [M10:O10], [M11:O11], [M12:O12]

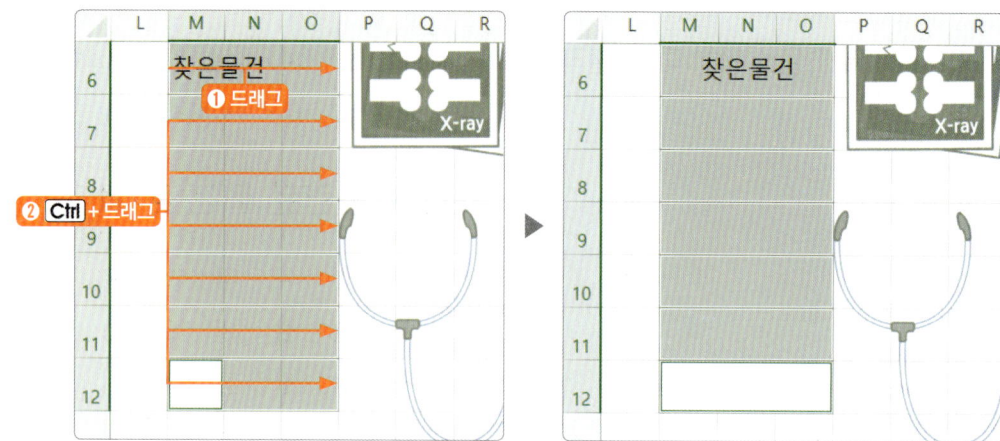

TIP 잘 못 선택한 셀은 다시 드래그하면 선택된 부분이 해제됩니다.

02 셀 선 색 설정하고 테두리 표시하기

1. [B2] 셀을 선택하고 [홈] 탭-[글꼴] 그룹-'아래쪽 테두리( )'의 목록 단추( )를 눌러 [선 색( )]에 [테마 색]-'주황, 강조 2'를 클릭합니다.

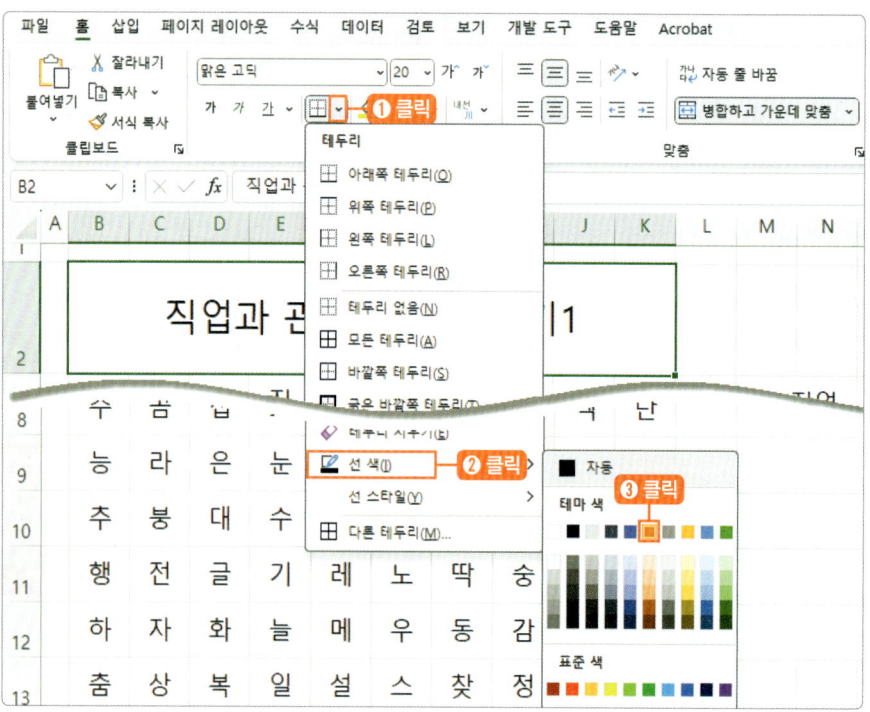

2. 마우스 포인터가 ✏ 모양으로 변경된 것을 확인한 다음 [홈] 탭-[글꼴] 그룹-'아래쪽 테두리(⊞)'의 목록 단추(˅)를 눌러 '굵은 바깥쪽 테두리(▢)'를 클릭합니다.

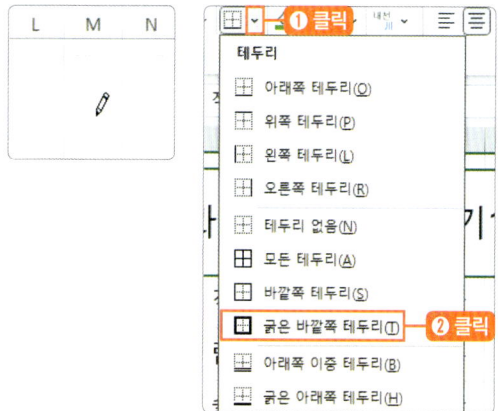

3. 영역 지정된 바깥쪽 테두리의 색상이 변경된 것을 확인합니다.

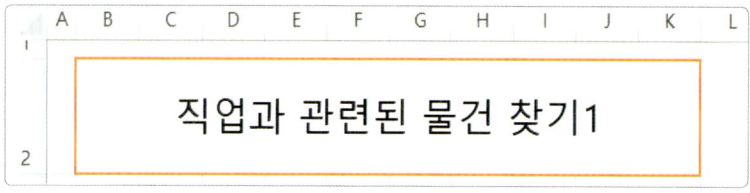

03 다른 테두리, 다른 채우기 설정하기

1. [B3] 셀부터 [K13] 셀까지 드래그하고 [홈] 탭-[글꼴] 그룹-'굵은 바깥쪽 테두리(▢)'의 목록 단추(˅)를 눌러 [다른 테두리(⊞)]를 선택하면 [셀 서식] 대화상자가 나옵니다.

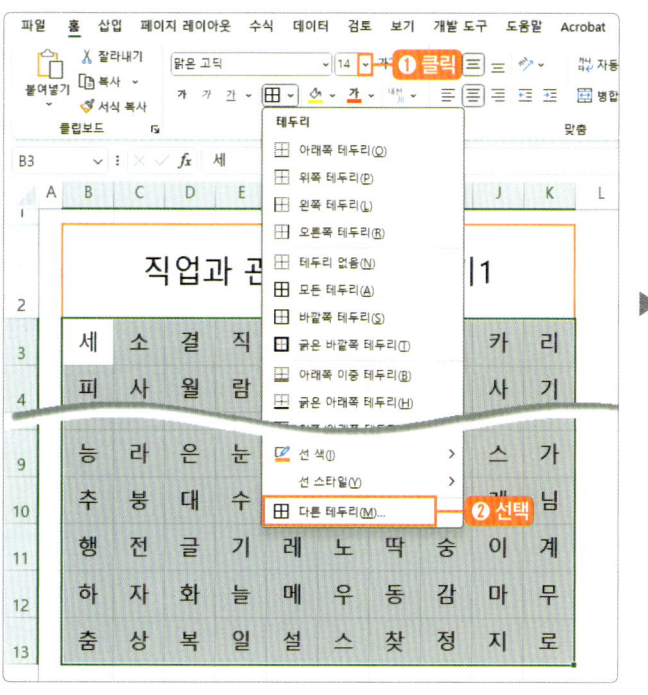
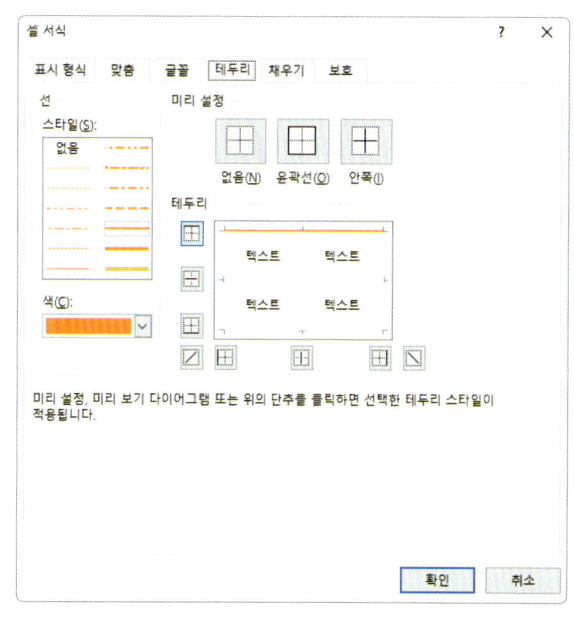

2. [셀 서식] 대화상자에서 [테두리] 탭-[선]-[스타일]-'점선(┅┅┅)'을 선택하고 [미리 설정]-'안쪽(┼)'을 클릭합니다. 이어서, [스타일]-'굵은 실선(━━━)'을 선택하고 [미리 설정]-'윤곽선(▢)'을 클릭한 다음 <확인> 단추를 클릭합니다.

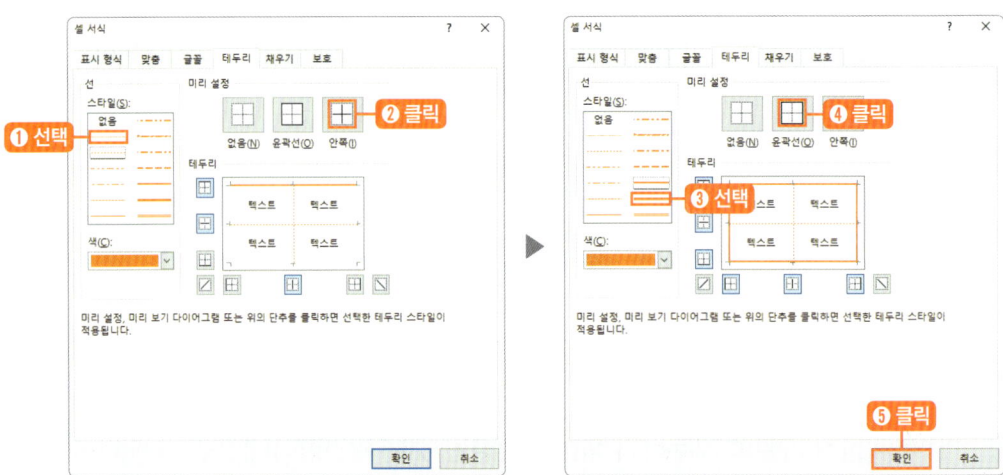

3. [B2] 셀을 클릭하고 [홈] 탭-[글꼴] 그룹-'채우기 색(🎨)'의 목록 단추(⌄)를 눌러 [다른 색(🎨)]을 선택합니다. 이어서, [표준] 탭-'색'에서 원하는 색을 선택하고 <확인> 단추를 클릭합니다.

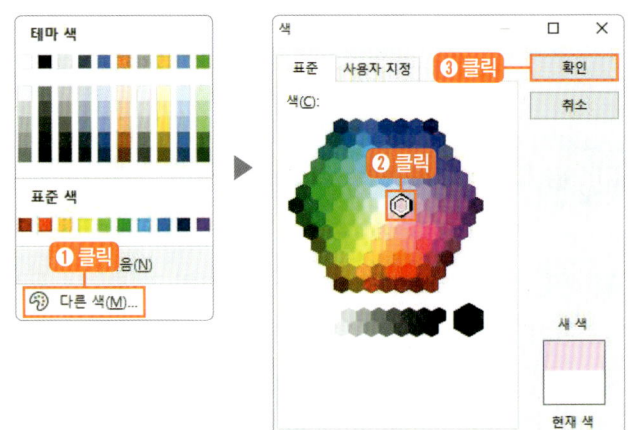

4. [M3] 셀부터 [O4] 셀과 [M6] 셀부터 [O12] 셀까지 테두리와 채우기를 지정합니다.

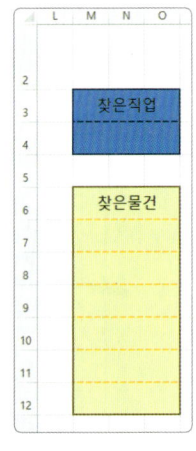

5. [파일] 탭-[다른 이름으로 저장하기]-[찾아보기]를 클릭합니다. 이어서, [다른 이름으로 저장] 대화상자가 나오면 저장할 폴더에 '직업과 도구(완성)'으로 입력하고 <저장> 단추를 클릭합니다.

CHAPTER 04 미션 수행하기

문제 01 ●불러올 파일 : 미션수행 01.xlsx ●완성된 파일 : 미션수행 01(완성).xlsx

'미션수행 01.xlsx' 파일을 열어 아래 그림을 참고하여 완성해 봅니다.

① 직업을 찾아서 [M4] 셀에 입력하고 찾은 글자에 채우기 색을 설정합니다.

② 찾은 직업과 관련된 물건을 찾아 채우기 색을 설정하고 [M7] 셀부터 [M12] 셀까지 입력합니다.

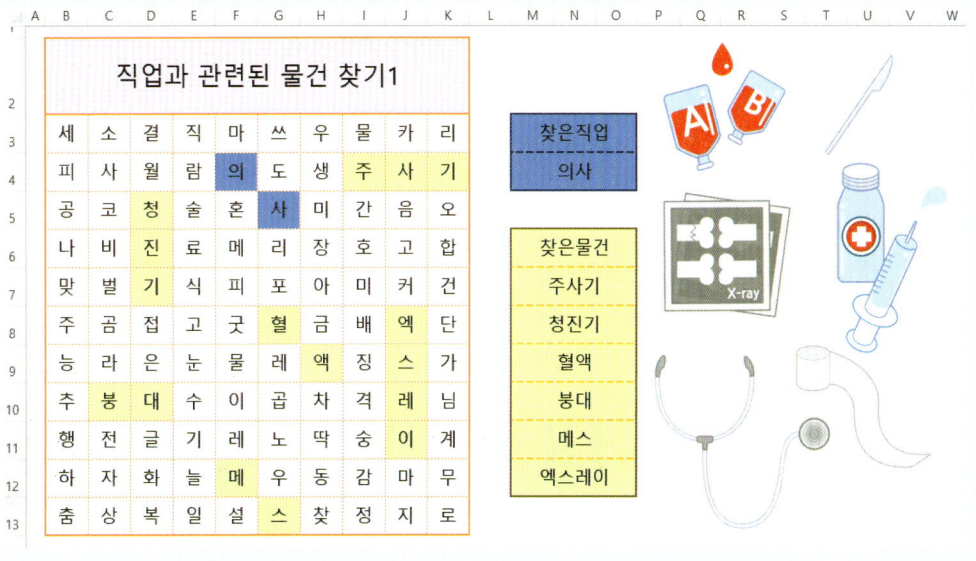

문제 02 ●불러올 파일 : 미션수행 02.xlsx ●완성된 파일 : 미션수행 02(완성).xlsx

'미션수행 02.xlsx' 파일을 열어 아래 그림을 참고하여 완성 해봅니다.

CHAPTER 05 내가 바로 국어 왕!

● 불러올 파일 : 국어 왕.xlsx   ● 완성된 파일 : 국어 왕(완성).xlsx

- 셀 복사하기와 붙여넣기를 적용합니다.
- 셀 서식을 복사합니다.
- 온라인 그림을 삽입합니다.

오늘 배울 기능 : 다른 셀 복사, 붙여넣기, 온라인 그림 삽입

🔍 완성작품 미리보기

 **스토리 소개** 국어란 한 국가의 국민이 사용하는 말입니다. 우리나라 국어는 한글을 사용하는 언어입니다. 오늘은 한글 공부를 위해 단어와 그림을 삽입하여 셀 복사와 붙여넣기 기능을 사용하는 방법에 대해 알아보겠습니다.

01 셀 복사하고 붙이기

1. [Excel 2021]을 실행한 다음 [불러올 파일]-[CHAPTER 05]-'국어 왕.xlsx' 파일을 불러옵니다.

2. [B3] 셀부터 [K4] 셀까지 드래그해서 선택하고 [홈] 탭-[클립보드] 그룹-'복사( )'를 클릭하면 셀 테두리에 점선이 깜박입니다.

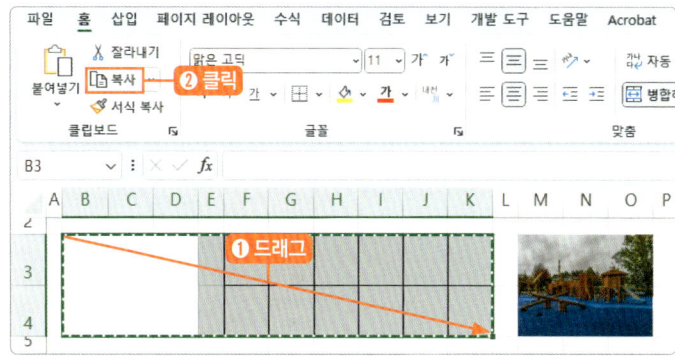

3. [B6] 셀을 선택하고 [홈] 탭-[클립보드] 그룹-'붙여넣기( )'를 클릭한 후, Esc 키를 누릅니다.

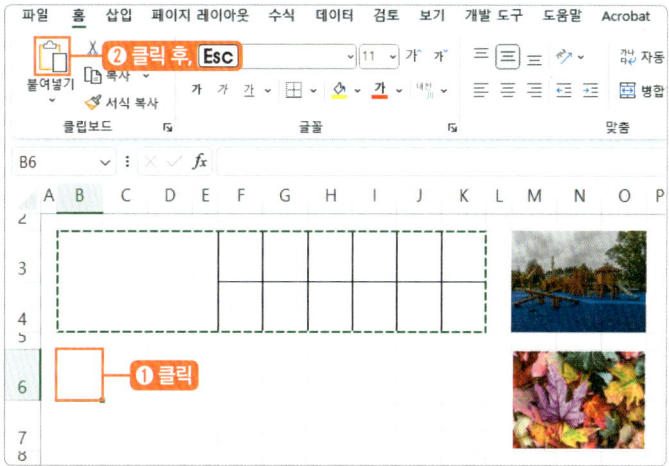

4. [B6] 셀부터 [K7] 셀까지 선택된 상태에서 [복사( )]를 클릭하고 [B9] 셀을 선택하여 [붙여넣기( )]를 클릭합니다. 이어서, [B12] 셀을 선택하여 [붙여넣기( )]를 클릭한 다음 Esc 키를 누릅니다.

02 셀 서식 복사하기

1. [F3] 셀부터 [K4] 셀까지 드래그한 다음 테두리 색과 채우기 색을 변경합니다.
   - ※ 테두리 색 : '주황, 강조 2', '윤곽선', '안쪽'
   - ※ 채우기 색 : '주황, 강조 2, 80% 더 밝게'

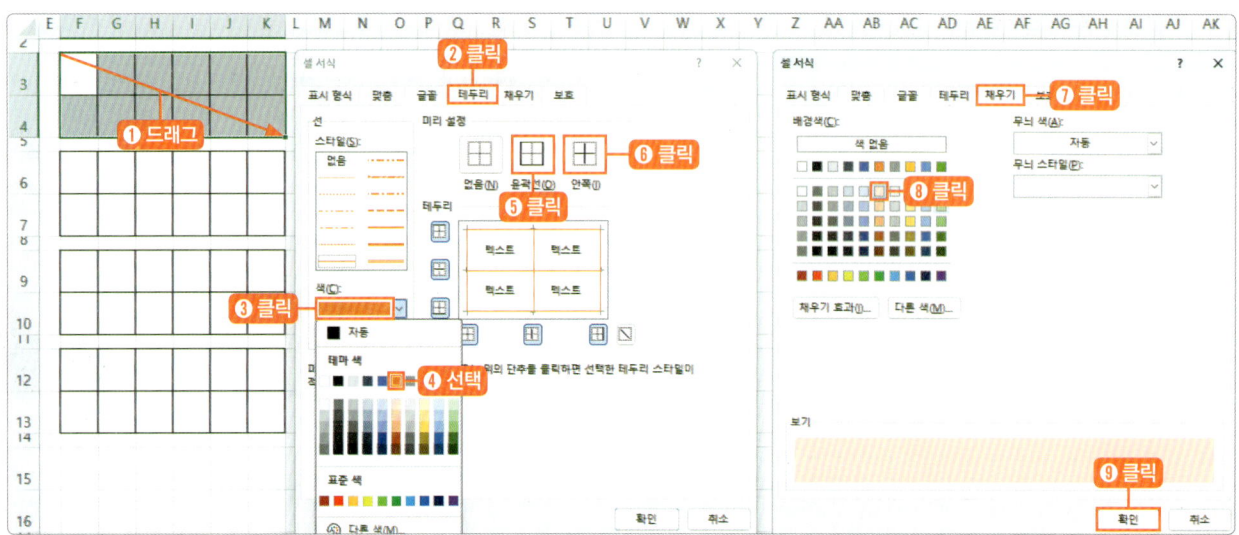

> **TIP**
> 영역 지정을 한 다음 마우스 오른쪽 단추를 눌러 [셀 서식]을 클릭하면 테두리와 채우기를 변경할 수 있습니다.

2. [홈] 탭-[클립보드] 그룹-'서식 복사()'를 클릭하면 셀 테두리에 점선이 깜박입니다.

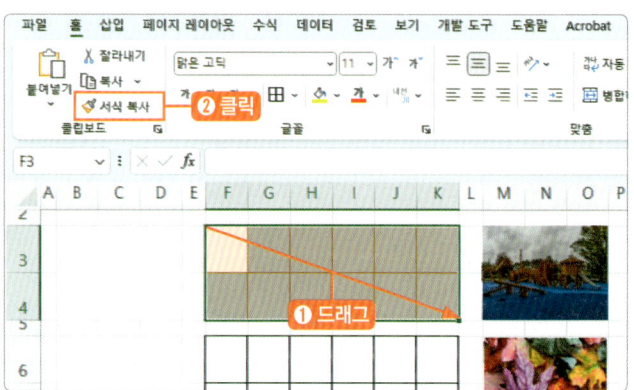

3. 마우스를 움직여 마우스 포인터가 🖌 모양으로 변경된 것을 확인하고 [F6] 셀부터 [K7] 셀까지 드래그합니다.

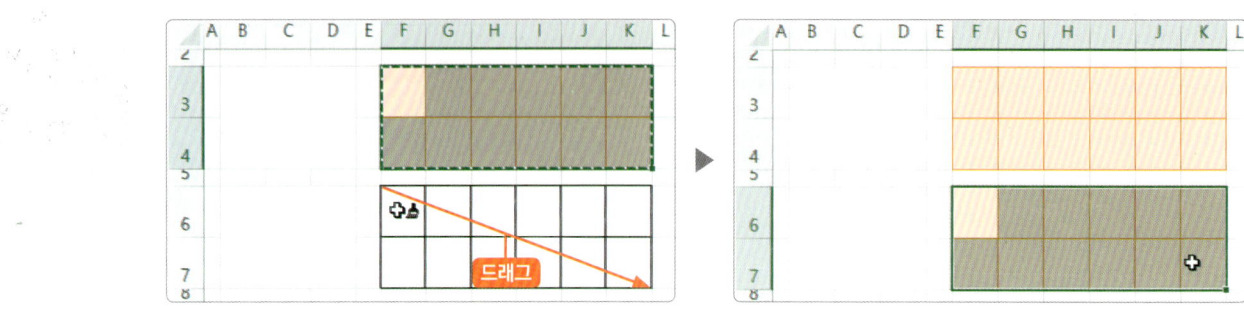

03 온라인 그림 삽입하기

1. [F3] 셀에 '코', [G3] 셀에 '끼', [H3] 셀에 '리'를 입력하고 [F3] 셀부터 [K4] 셀까지 드래그해서 글꼴(휴먼엑스포), 글꼴 크기(20), '가운데 맞춤'을 클릭합니다.

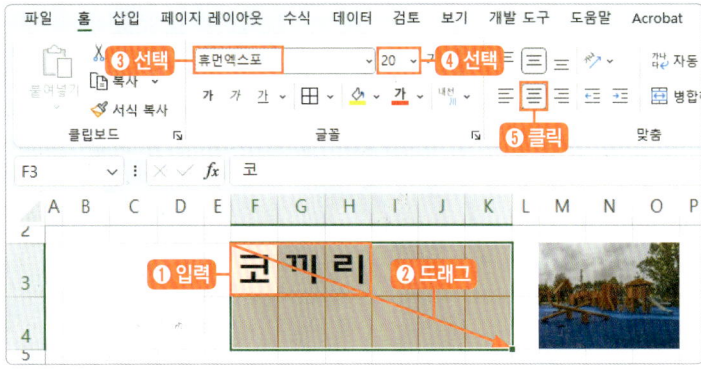

2. [B3] 셀을 선택하고 [삽입] 탭-[일러스트레이션] 그룹-[그림( )]-'온라인 그림( )'을 클릭합니다.

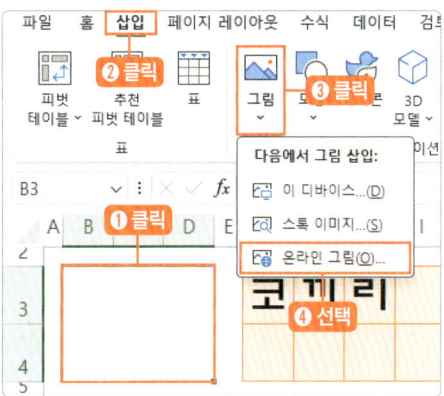

3. [온라인 그림] 검색 상자가 나오면 입력 칸에 '코끼리'를 입력하고 Enter 키를 누릅니다. 원하는 코끼리 사진을 선택하고 <삽입> 단추를 클릭합니다.

   ※ 교재 이미지와 같은 그림은 [불러올 파일]-[CHAPTER 05]에 있습니다.

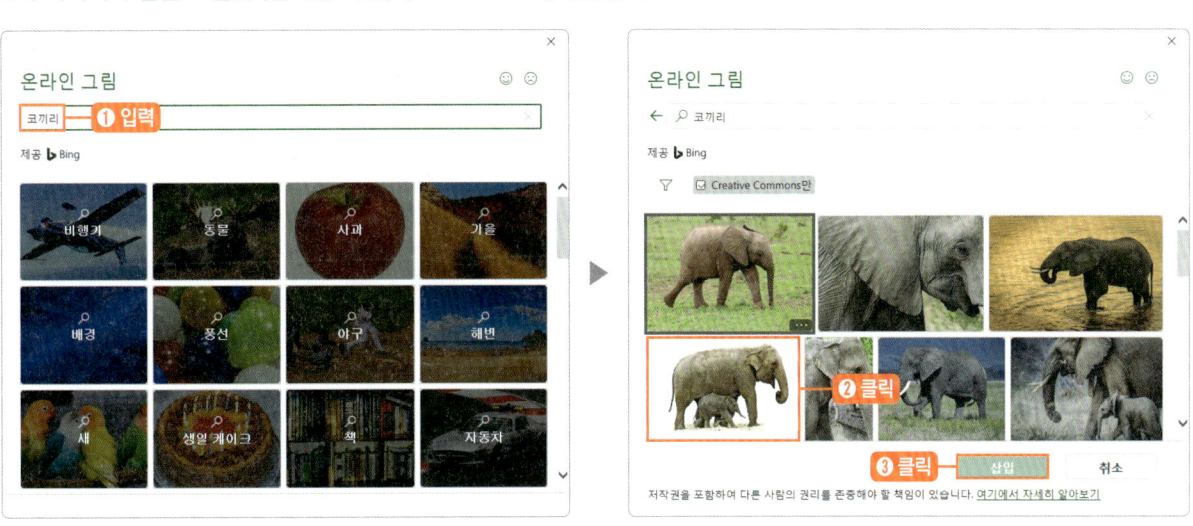

4. 크기 조절점(○)을 드래그해서 작게 하고 사진을 이동하여 [B3] 셀의 너비와 높이에 맞게 조절합니다.

TIP

사진을 입력하면 '알 수 없는 작성자님의 이 사진에는 CC-BY-NC라이선스가 적용됩니다.'라고 나옵니다. 삽입된 텍스트 상자를 Delete 키를 눌러 삭제하면 됩니다. 다만, 자신이 제작한 저작물을 다른 사람이 자유롭게 이용할 수 있도록 허락을 표시하는 저작권이 있으므로 무단으로 사용해서는 안 됩니다. 자세한 내용은 한국저작권위원회 (https://gongu.copyright.or.kr) 홈페이지에서 확인할 수 있습니다.

5. 아래 내용을 참고하여 [B6] 셀부터 [K13] 셀까지 원하는 글꼴, 테두리, 채우기, 맞춤, 온라인 그림 삽입을 사용하여 완성합니다.

6. 저장할 폴더를 선택하고 '국어 왕(완성)'으로 입력한 후, 저장합니다.

CHAPTER 05 미션 수행하기

문제 01 ● 불러올 파일 : 미션수행 01.xlsx   ● 완성된 파일 : 미션수행 01(완성).xlsx

'미션수행 01.xlsx' 파일을 열어 아래 그림을 참고하여 완성해 봅니다.

① 입력한 글자에 맞는 그림을 온라인 그림으로 삽입합니다.

문제 02 ● 불러올 파일 : 미션수행 02.xlsx   ● 완성된 파일 : 미션수행 02(완성).xlsx

'미션수행 02.xlsx' 파일을 열어 아래 그림을 참고하여 완성해 봅니다.

① [B2] 셀부터 [P6] 셀까지 드래그하고 [서식 복사]를 클릭합니다.

② [B7] 셀부터 [P11] 셀까지 드래그하면 서식이 복사됩니다.

CHAPTER 06

나는 암호 해독가

● 불러올 파일 : 암호 해독가.xlsx   ● 완성된 파일 : 암호 해독가(완성).xlsx

- 한글 자음으로 특수문자를 삽입합니다.
- 삽입 기능으로 기호를 삽입합니다.
- 셀 복사, 붙여넣기를 합니다.

오늘 배울 기능 : 기호 삽입, 계산식 입력

🔍 완성작품 미리보기

스토리 소개   암호 해독가는 특정인만 알아볼 수 있도록 숨겨진 정보를 알아내기 위해 연구하는 일을 합니다. 오늘은 기호를 삽입하여 나만의 암호문을 만들어 숫자 퀴즈를 풀어보겠습니다.

01 한글 자음으로 기호 삽입하기

1. [Excel 2021]을 실행한 다음 [불러올 파일]-[CHAPTER 06]-'암호 해독가.xlsx' 파일을 불러옵니다.

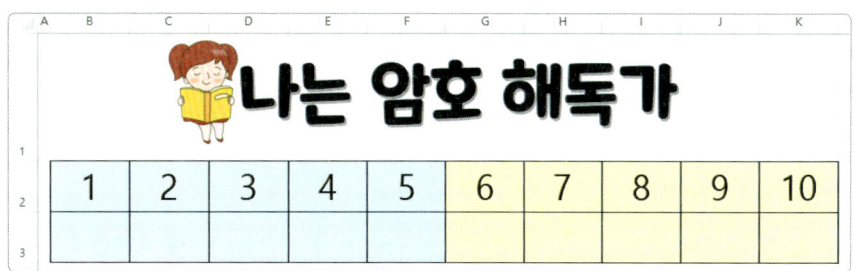

2. 키를 눌러 언어 표시 상태가 '가'로 되어 있는지 모니터 오른쪽 아래에서 확인합니다.

3. [B3] 셀을 선택하고 한글 자음 'ㅁ'을 입력한 후, 한자 키를 누릅니다.

4. [보기 변경( )]을 클릭해서 더 많은 특수문자를 확인합니다.
   ※ 윈도우 10에서는 보기 변경(≫) 표시가 다르게 보입니다.

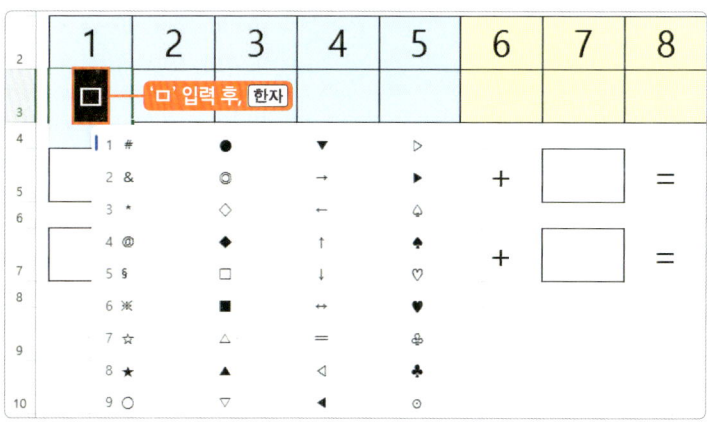

5. '★'을 마우스로 직접 클릭하거나 ↑ 키와 ↓ 키를 이용하여 선택하고 Enter 키를 누르면 기호가 삽입됩니다. [C3] 셀부터 [F3] 셀까지 특수문자를 삽입합니다.

 **TIP**

한글 자음 'ㄱ' ~ 'ㅎ'과 쌍자음인 'ㅃ', 'ㄸ', 'ㄲ', 'ㅆ'에 특수문자가 포함되어 있습니다.

02 삽입 기능으로 기호 삽입하기

1. [G3] 셀을 선택하고 [삽입] 탭-[기호] 그룹-'기호(Ω)'를 클릭합니다. 이어서, [기호] 대화상자가 나오면 [기호] 탭-[하위 집합]의 목록 단추(∨)를 눌러 [도형 기호]를 선택합니다.

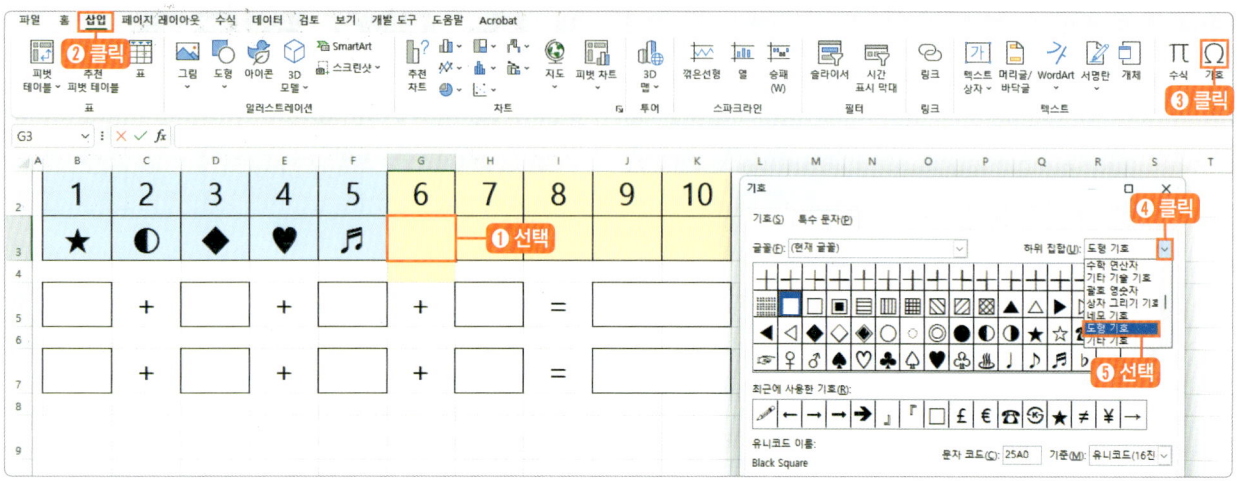

2. 원하는 기호를 선택하고 <삽입> 단추를 클릭합니다.

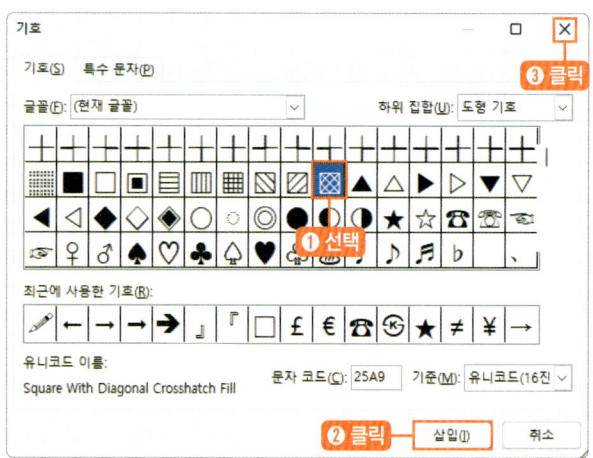

3. [H3] 셀을 선택하고 [삽입] 탭-[기호] 그룹-'기호(Ω)'를 클릭한 후, [기호]탭-[글꼴]의 목록 단추(∨)를 눌러 이동막대를 아래쪽으로 드래그해서 [Webdings]를 클릭합니다.

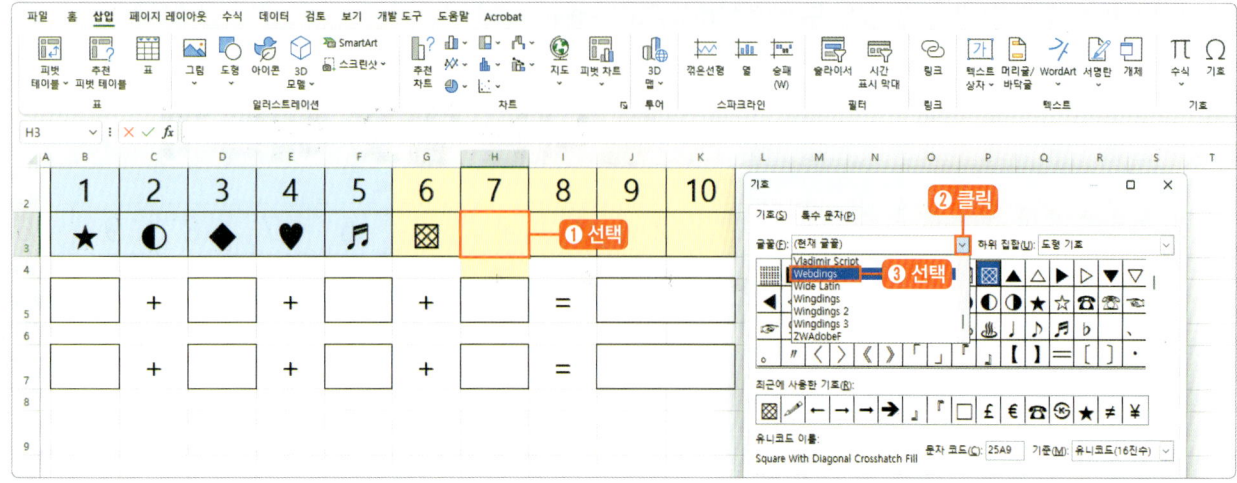

5. 기호를 선택하고 <삽입> 단추를 클릭한 후, <닫기> 단추를 클릭합니다. [I3] 셀부터 [K3] 셀까지 원하는 기호를 삽입합니다.

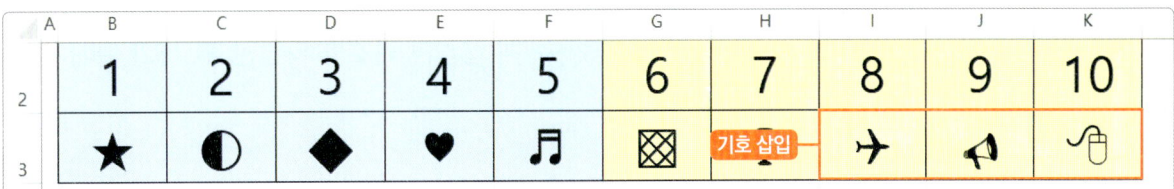

> **TIP**
>
> [글꼴]을 [Wingdings] 또는 [Wingdings 2]를 선택해서 원하는 기호를 삽입할 수 있습니다.

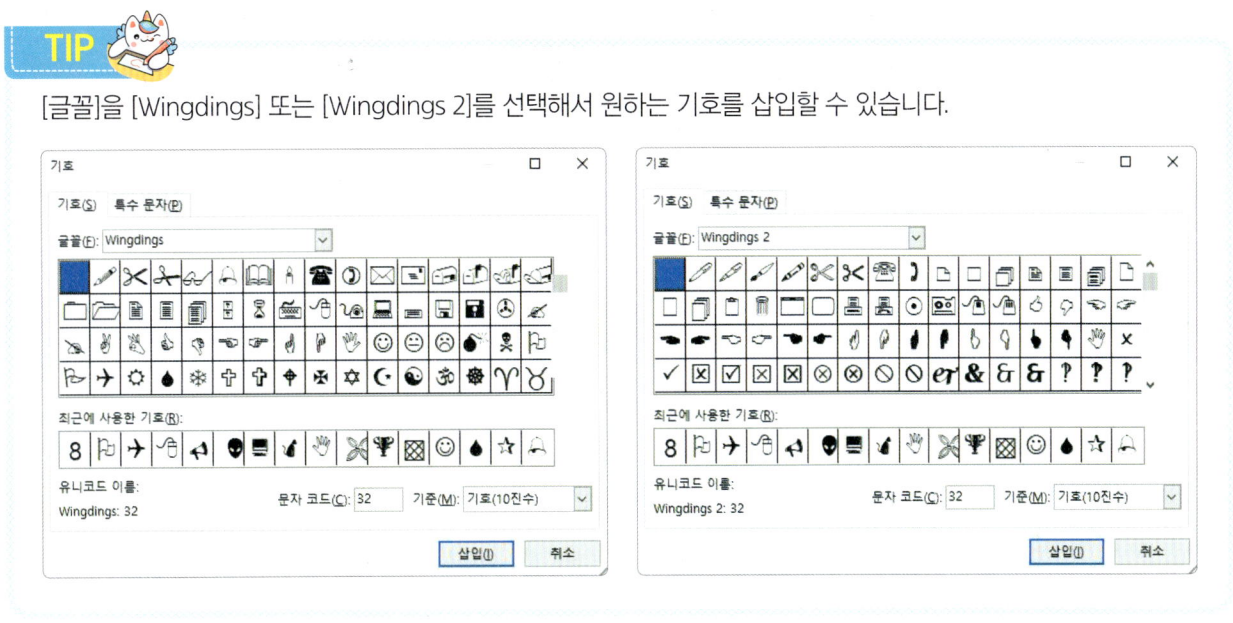

03 암호 문제 만들기

1. [B3] 셀을 선택하고 [홈] 탭-[클립보드] 그룹-'복사( )'를 클릭합니다. 이어서, [B5] 셀을 선택하고 [홈] 탭-[클립보드] 그룹-'붙여넣기( )'를 클릭한 후, Esc 키를 누릅니다.

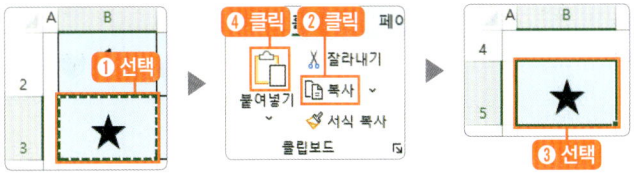

2. 아래 화면처럼 [D5] 셀, [F5] 셀, [H5] 셀에 기호를 복사하여 붙여넣기를 합니다.

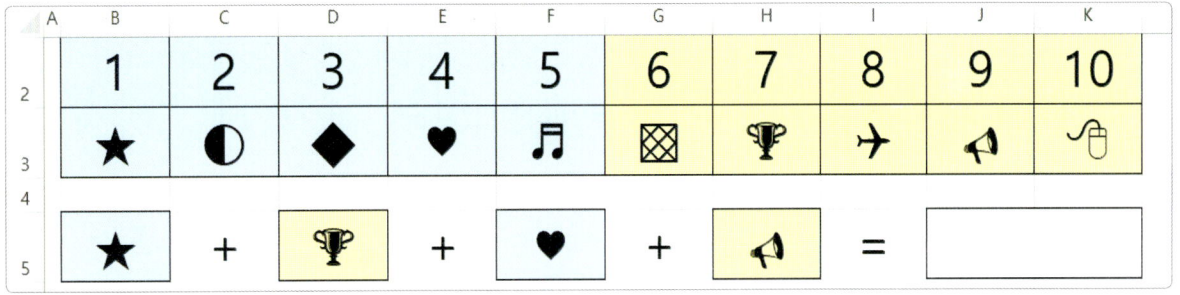

04 암호 문제 계산식 입력하기

1. [J5] 셀을 클릭하고 키보드의 '='을 입력하고 [B5] 셀에 삽입한 기호를 확인한 후, [B2] 셀에 입력된 숫자인 '1'을 입력합니다.

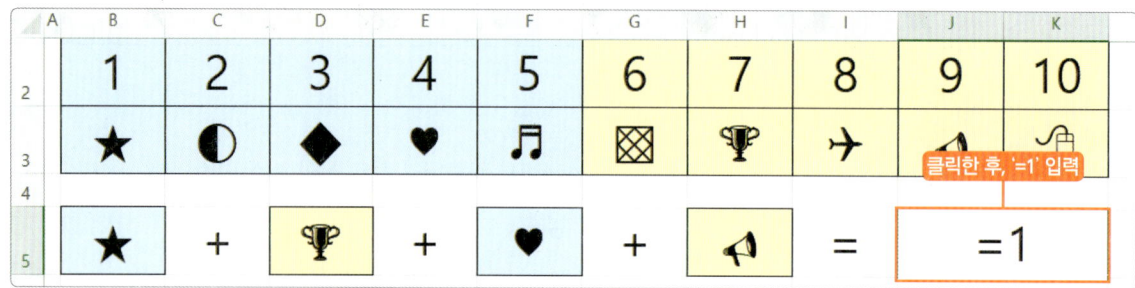

2. 키보드에 있는 '+'를 누르고 [D5] 셀에 삽입된 기호에 맞는 숫자인 '7'을 입력한 후, '+'를 누릅니다. 이어서, [F5] 셀에 삽입된 기호에 맞는 숫자인 '4'를 입력하고 '+'를 누르고 [H5] 셀에 삽입된 기호에 맞는 숫자인 '9'를 입력한 다음 Enter 키를 누릅니다.

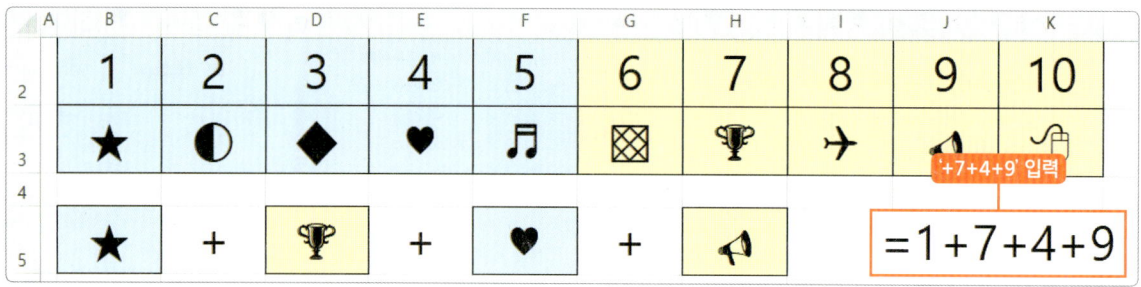

3. 아래 화면을 참고하여 [B7] 셀, [D7] 셀, [F7] 셀, [H7] 셀에 원하는 기호를 복사하여 붙여 넣고 [J7] 셀에 계산식을 입력하여 답을 구합니다.

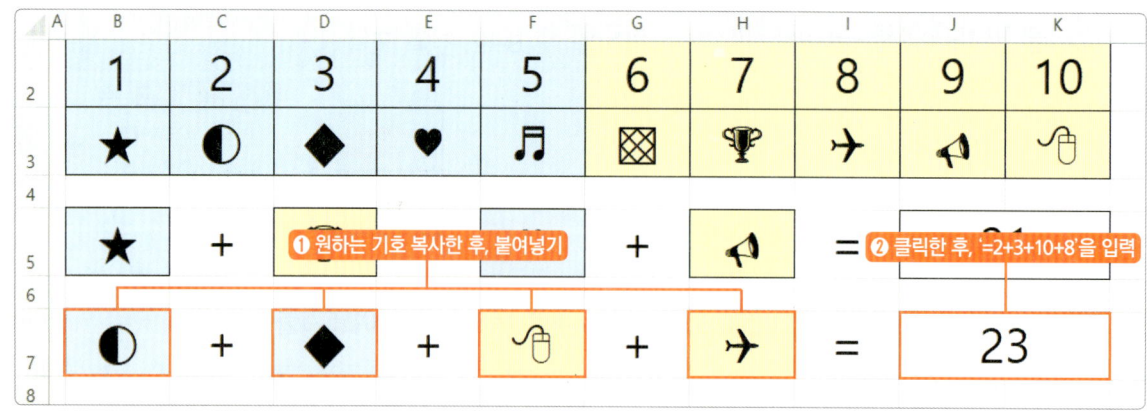

4. 저장할 폴더를 선택하고 '암호 해독기(완성)'로 저장합니다.

CHAPTER 06 미션 수행하기

문제 01
● 불러올 파일 : 미션수행 01.xlsx ● 완성된 파일 : 미션수행 01(완성).xlsx

'미션수행 01.xlsx' 파일을 열어 빈칸에 들어갈 기호를 삽입하고 계산식을 입력하여 정답을 작성해 봅니다.

수학 마술사

1	2	3	4	5	6	7	8	9	10
⊠	◐	♣	🏆	🖥	✈	🖱	❄	🔔	☆

◐ + ♣ + 🖱 + 🔔 = 21

🖥 + ⊠ + ✈ + ☆ = 22

✈ + 🏆 + ◐ + ❄ = 20

☆ + 🖥 + ❄ + ♣ = 26

🔔 + 🏆 + 🖥 + 🖱 = 25

⊠ + ✈ + ♣ + ❄ = 18

CHAPTER 07 한자로 가족을 알아보아요.

● 불러올 파일 : 가족.xlsx ● 완성된 파일 : 가족(완성).xlsx

학습목표

- 한자 변환을 합니다.
- 시트 탭의 이름을 변경합니다.

오늘 배울 기능 : 한자 변환, 시트 탭 이름 변경

완성작품 미리보기

스토리 소개

옛날 우리나라에서는 한글이 창제되기 전에는 한자를 사용했습니다. 고대 중국에서 만들어져 지금도 쓰이고 있습니다. 오늘은 가족과 친척 관계를 한자로 변환하여 사용하는 방법을 알아보겠습니다.

01 글자를 입력하고 한자로 바꾸기

1. [Excel 2021]을 실행한 다음 [불러올 파일]-[CHAPTER 07]-'가족.xlsx' 파일을 불러옵니다.

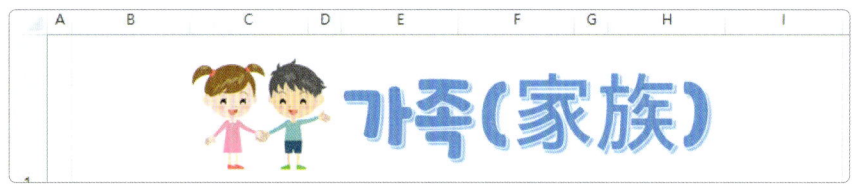

2. [B3] 셀을 선택하여 '부'를 입력하고 한자 키를 누른 후, [보기 변경(□)]을 클릭합니다.
   ※ 윈도우 10에서는 보기 변경(») 표시가 다르게 보입니다.

3. 찾고자 하는 한자에 마우스 포인터를 두면 '도움말 상자'가 나옵니다. '아비 부' 글자를 찾아서 클릭합니다.

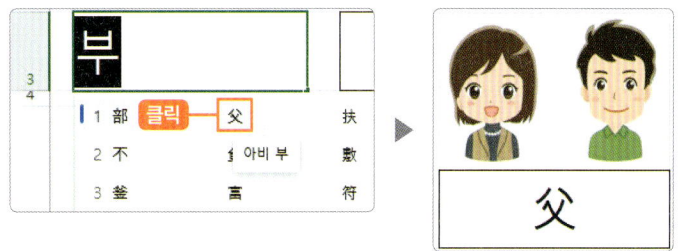

4. [B3] 셀이 선택된 상태에서 '모'를 입력하고 한자 키를 누른 후, '어미 모' 글자를 찾아서 클릭하고 Enter 키를 누릅니다.

02 한자 사전 활용하기

1. [E3] 셀을 선택하여 '형제'를 입력하고 마우스로 '형제' 글자를 드래그한 다음 [한자] 키를 누릅니다. [한글/한자 변환] 대화상자가 나옵니다.

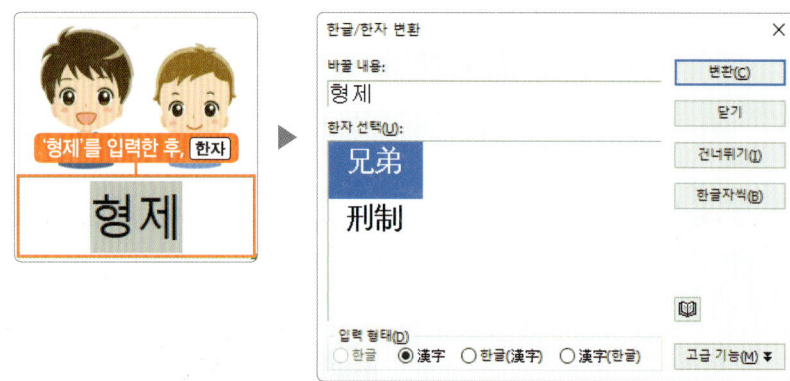

2. 선택한 한자의 뜻을 알기 위해 한자 사전(📖)을 클릭한 다음 뜻을 알아보고 <확인> 단추를 클릭합니다.

3. [한글/한자 변환] 대화상자의 입력 형태에서 '한글(漢字)'를 선택하고 <변환> 단추를 클릭한 다음 [Enter] 키를 누릅니다.

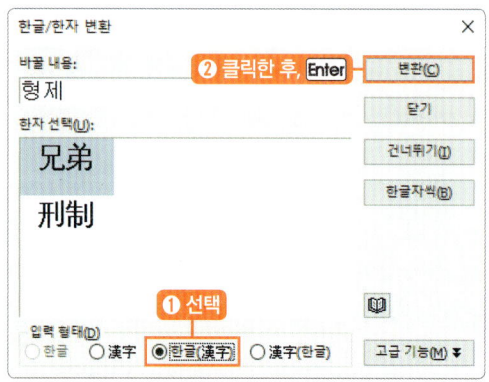

입력 형태에서 '漢字', '한글(漢字)', '漢字(한글)'를 선택해서 바꿀 수 있습니다.

4. 다음 화면과 같이 다른 가족들도 글자를 입력하여 한자로 변경합니다.
   ※ [H3] 셀 : '남매', [B6] 셀 : '자매', [E6] 셀 : '조부모', [H6] 셀 : '외조부모'

한자가 입력된 상태에서 한자를 드래그하고 [한자] 키를 누르면 다시 한글로 변경됩니다.

03 시트 이름 바꾸기

1. [Sheet1] 위에 마우스 포인터를 놓고 마우스 오른쪽 버튼을 눌러 [이름 바꾸기]를 클릭합니다.

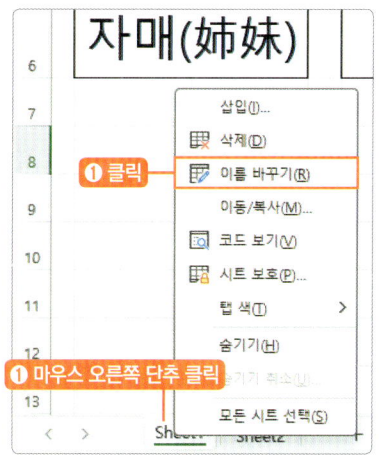

2. '가족'을 입력하고 [Enter] 키를 누릅니다.

3. [Sheet2] 위에 마우스 포인터를 두고 더블클릭해서 '친척'을 입력한 후, [Enter] 키를 누릅니다.
   ※ 마우스로 더블클릭하면 시트 탭의 이름을 변경할 수 있는 상태가 됩니다.

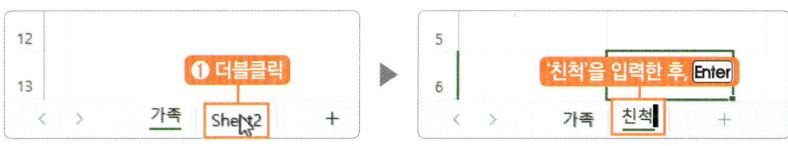

4. 아래 화면을 참고하여 [B3] 셀은 '이모', [E3] 셀은 '삼촌', [H3] 셀은 '고모'로 입력하고 한자로 변경합니다.

5. 저장할 폴더를 선택하고 '가족(완성)'으로 저장합니다.

CHAPTER 07 미션 수행하기

문제 01 ●불러올 파일 : 미션수행 01.xlsx ●완성된 파일 : 미션수행 01(완성).xlsx

'미션수행01.xlsx' 파일을 열어 아래 그림을 참고하여 완성해봅니다.

① [B3] 셀부터 [G3] 셀까지, [B6] 셀부터 [G6] 셀까지 아래 글자를 입력합니다.
　[B3] 셀 : '자', [C3] 셀 : '축', [D3] 셀 : '인', [E3] 셀 : '묘', [F3] 셀 : '진'
　[G3] 셀 : '사', [B6] 셀 : '오', [C6] 셀 : '미', [D6] 셀 : '신', [E6] 셀 : '유'
　[F6] 셀 : '술', [G6] 셀 : '해'

② [Sheet1]의 시트 이름을 '12띠'로 수정합니다.

맛있는 음악을 만들어요.

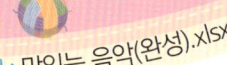

● 불러올 파일 : 맛있는 음악.xlsx   ● 완성된 파일 : 맛있는 음악(완성).xlsx

학습목표

- 그림을 삽입하고 크기를 설정합니다.
- 그림을 복사하여 붙여넣기를 합니다.
- 그림을 회전합니다.

오늘 배울 기능 : 그림 크기 설정, 복사, 붙이기, 회전

🔍 완성작품 미리보기

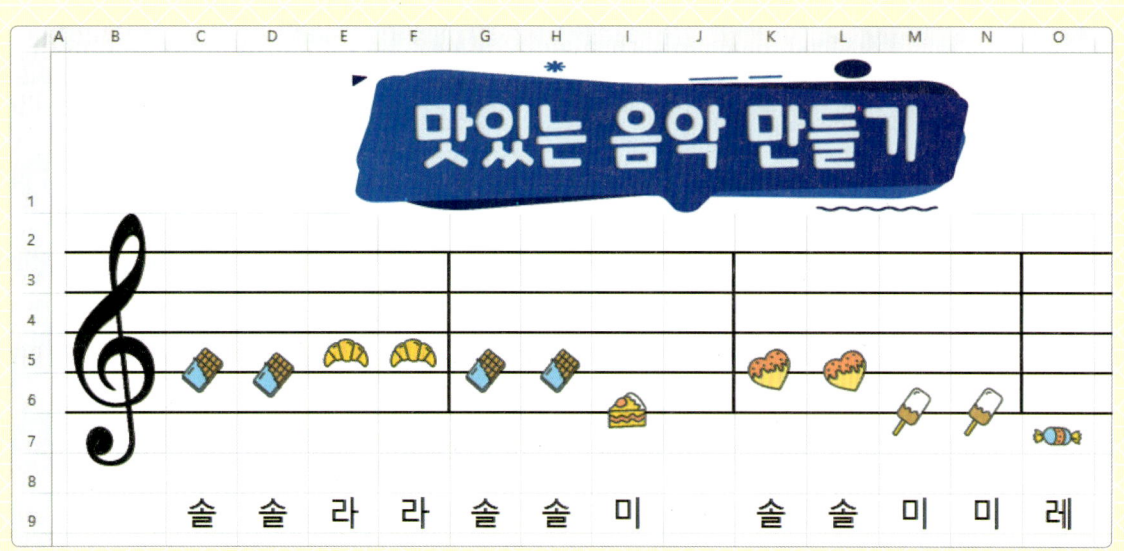

스토리 소개 음악은 만국 공통어라는 말이 있습니다. 생각이나 감정을 소리로 만들어 사람의 목소리나 악기로 감동과 느낌을 전달합니다. 오늘은 그림을 삽입하여 오선지에 도레미파솔라시도 음계를 표현하겠습니다.

01 그림 삽입 후, 크기 설정하기

1. [Excel 2021]을 실행한 다음 [불러올 파일]–[CHAPTER 08]–'맛있는 음악.xlsx' 파일을 불러옵니다.

2. [C9] 셀부터 [I9] 셀까지 차례대로 글자를 입력합니다.
   ※ [C9] 셀 : '솔', [D9] 셀 : '솔', [E9] 셀 : '라', [F9] 셀 : '라', [G9] 셀 : '솔', [H9] 셀 : '솔', [I9] 셀 : '미'

3. [S3] 셀을 선택하고 [삽입] 탭–[일러스트레이션] 그룹에서 [그림()]을 클릭한 다음 [이 디바이스…]를 선택합니다.

4. [그림 삽입] 대화상자가 나오면 [보기를 변경합니다( )]를 여러 번 눌러 큰 그림이 보이도록 변경합니다. 이어서, [불러올 파일]–[CHAPTER 08]–'간식1.jpg'를 선택하고 Shift 키를 누른 채 '간식9.jpg'를 선택한 후, <삽입> 단추를 클릭합니다.

CHAPTER 08 맛있는 음악을 만들어요. • 051

5. 삽입한 그림들 위에서 마우스 오른쪽 버튼을 눌러 [크기 및 속성]을 클릭합니다.

6. 화면 오른쪽에 [그림 서식] 목록 창이 나타나면 [높이 조절]의 입력 칸의 '100%'를 더블클릭하여 '20'을 입력한 후, Enter 키를 누릅니다.

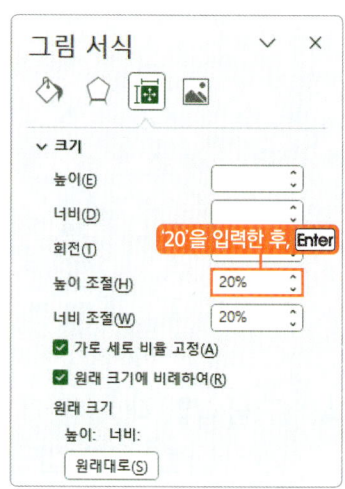

7. 임의의 빈 셀을 눌러 그림 선택을 해제합니다.

02 그림 복사 및 붙여넣기

1. 삽입한 그림들을 하나씩 드래그해서 빈 셀에 놓습니다.
   ※ 마우스 포인터가 모양으로 변경되면 이동할 수 있습니다.

2. 삽입한 그림 중에서 원하는 그림 1개를 선택하고 [홈] 탭-[클립보드] 그룹-'복사( )'를 클릭한 후, [붙여넣기( )]를 클릭합니다.

3. 복사된 그림을 선택하고 [C5] 셀과 [C6] 셀 사이로 드래그해서 놓습니다.

4. 한 번 더 [붙여넣기()]를 클릭합니다.

> **TIP**
> 컴퓨터는 이전에 했던 작업을 딱 한 번 기억하고 있습니다. 여러 번 복사했다면 마지막에 복사한 내용을 기억하고 있습니다.

5. 다른 그림들도 복사하여 붙여넣기를 하고 아래 그림을 참고하여 드래그해서 놓습니다.

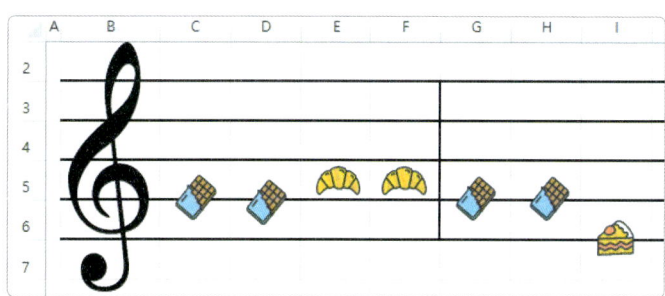

03 그림 삽입 후, 크기 설정하기

1. [K9] 셀부터 [R9] 셀까지 차례대로 글자를 입력합니다.
   [K9] 셀 : '솔', [L9] 셀 : '솔', [M9] 셀 : '미', [N9] 셀 : '미', [O9] 셀 : '레'

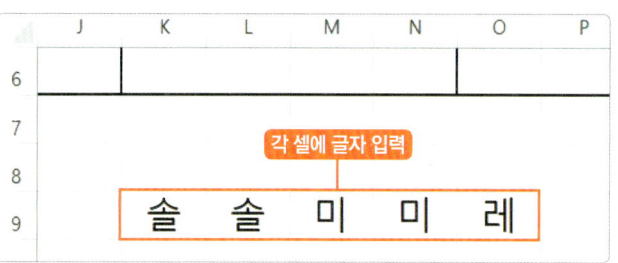

2. 불러온 그림 중 한 개를 선택한 후, 복사해서 붙여넣기를 하고 [K5] 셀과 [K6] 셀 사이로 드래그해서 놓습니다. 이어서, 마우스로 회전( )을 왼쪽 또는 오른쪽으로 드래그해서 회전합니다.

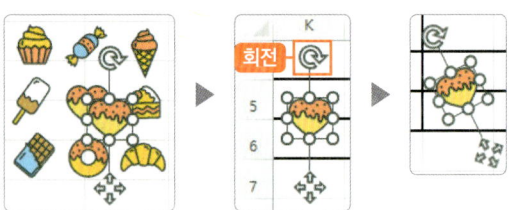

3. 다른 그림들도 복사와 붙여넣기를 하고 회전한 후, 다음 그림을 참고하여 드래그해서 놓습니다.

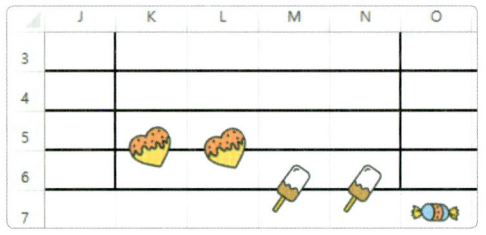

4. 저장할 폴더를 선택하고 '맛있는 음악(완성)'으로 저장합니다.

CHAPTER 08 미션 수행하기

문제 01 ●불러올 파일 : 미션수행 01.xlsx   ●완성된 파일 : 미션수행 01(완성).xlsx

'미션수행 01.xlsx' 파일을 열어 아래 그림을 참고하여 완성해 봅니다.

① 그림을 복사하여 붙여넣기를 합니다.
② 그림을 회전합니다.

문제 02 ●불러올 파일 : 미션수행 02.xlsx   ●완성된 파일 : 미션수행 02(완성).xlsx

'미션수행 02.xlsx' 파일을 열어 아래 그림을 참고하여 완성해 봅니다.

① 그림을 복사하여 붙여넣기를 합니다.

CHAPTER 09 어린이 건강 박사

●불러올 파일 : 감염병.xlsx   ●완성된 파일 : 감염병(완성).xlsx

학습목표

- 그림을 삽입하고 자르기를 합니다.
- 그림 스타일을 지정합니다.
- 그림 테두리와 그림 효과를 설정합니다.

오늘 배울 기능 : 그림 자르기, 그림 스타일, 그림 테두리, 그림 효과

완성작품 미리보기

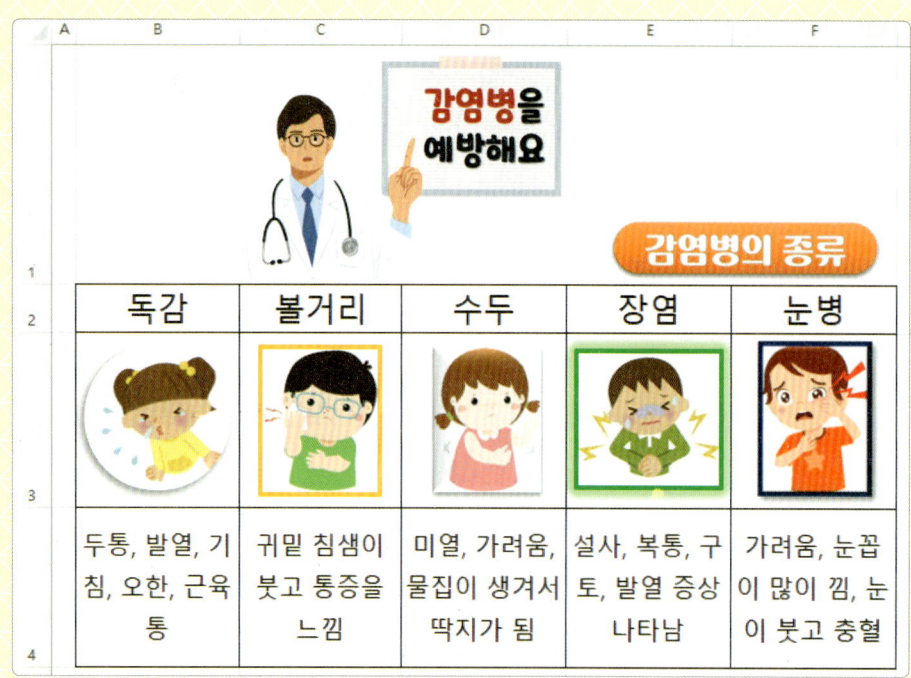

스토리 소개   우리는 건강해야 마음껏 뛰어놀고 공부도 열심히 할 수 있습니다. 갑자기 몸이 아프거나 사고를 겪을 수도 있습니다. 병에 걸리지 않도록 예방하는 것이 매우 중요합니다. 오늘은 어린이들에게 발생하기 쉬운 질병을 알아보고 감염병의 종류에 맞게 그림을 잘라서 삽입해 보겠습니다.

01 그림 삽입 후, 자르기

1. [Excel 2021]을 실행한 다음 [불러올 파일]-[CHAPTER 09]-'감염병.xlsx' 파일을 불러옵니다.

2. [B3] 셀을 선택하고 [삽입] 탭-[일러스트레이션] 그룹-[그림(　)]-'이 디바이스...'를 클릭합니다.

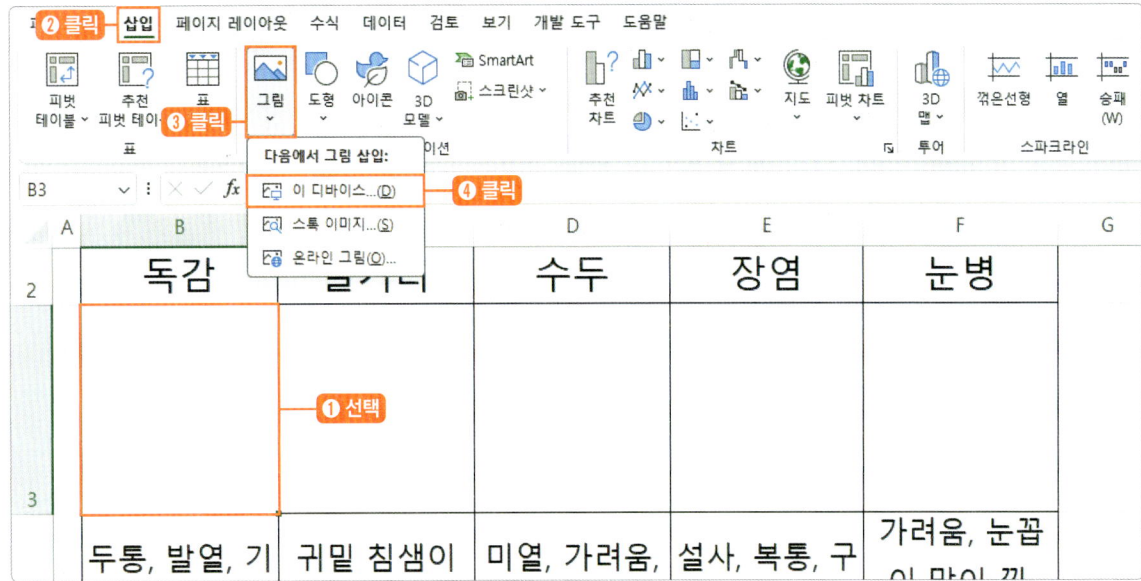

3. [그림 삽입] 대화상자가 나오면 [불러올 파일]-[CHAPTER 09]-'아픔.jpg'을 선택하고 <삽입> 단추를 클릭합니다.

CHAPTER 09 어린이 건강 박사 • 057

4. [그림 서식] 탭-[크기] 그룹-[자르기( )]를 클릭하면 자르기 핸들( )이 그림의 가장자리와 모서리에 표시됩니다.

5. 오른쪽 가운데 자르기 핸들을 왼쪽으로 드래그한 다음 Esc 키를 누르거나 그림의 바깥쪽 임의의 셀을 클릭해서 첫 번째 그림을 남깁니다.

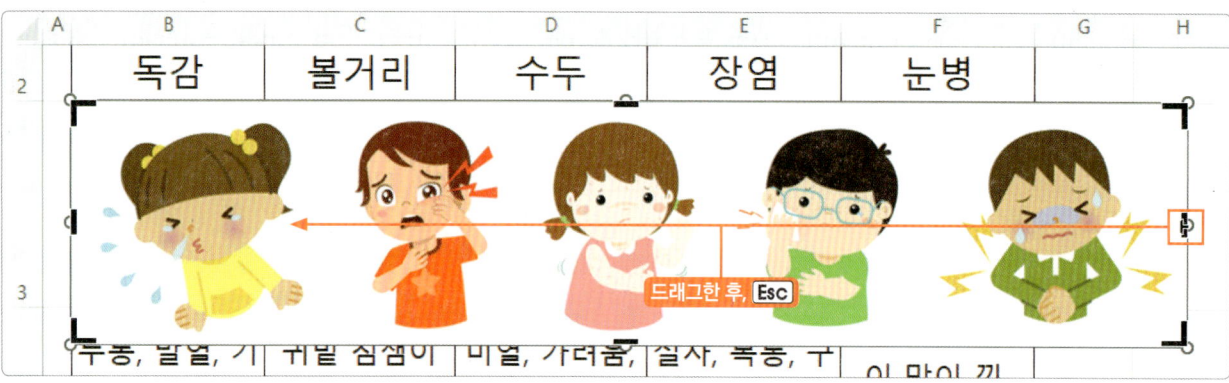

6. 남겨진 그림을 선택해서 그림 크기를 설정하고 [B3] 셀로 드래그합니다.

7. 같은 방법으로 '아픔.jpg' 그림 파일을 삽입하고 잘라서 각 셀에 맞는 그림으로 드래그해서 넣습니다.

02 그림 스타일 적용하기

1. [B3] 셀에 삽입된 그림을 선택한 상태에서 [그림 서식] 탭-[그림 스타일] 그룹-'빠른 스타일( )'을 클릭합니다.

2. 그림에 적용하고 싶은 스타일을 선택합니다. 스타일에 따라 노란색 타원 모양의 조절점을 드래그해서 모양을 변경할 수도 있습니다.

[그림 서식] 탭-[조정] 그룹-'그림 원래대로 ( )'를 클릭하면 그림에 적용한 스타일을 원래대로 되돌립니다.

03 그림 테두리와 그림 효과 적용하기

1. [C3] 셀에 삽입된 그림을 선택하고 [그림 서식] 탭-[그림 스타일] 그룹-'그림 테두리( )'를 클릭합니다.

2. [표준 색]-'주황'을 선택하고 [두께]-'3pt', [대시]-'긴 파선'을 차례대로 선택합니다.

3. [D3] 셀에 삽입된 그림을 선택하고 [그림 서식] 탭-[그림 스타일] 그룹-'그림 효과( )'를 클릭합니다.

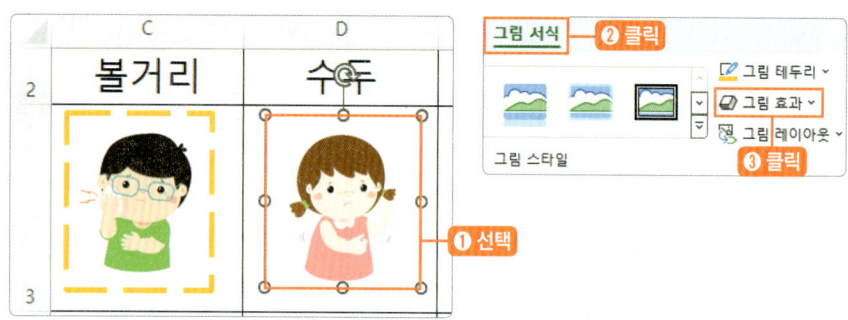

4. [기본 설정]-[미리 설정]-'기본 설정 2'를 클릭합니다.

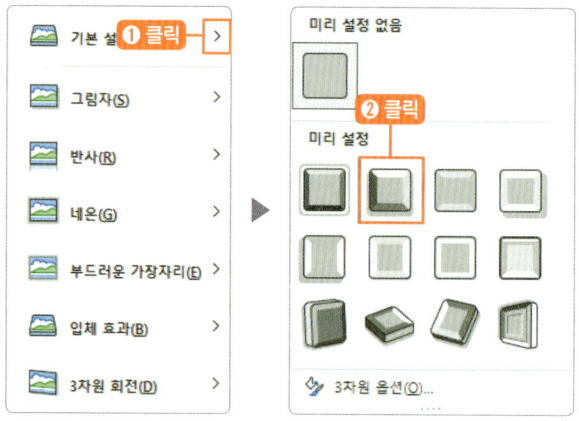

5. [E3] 셀과 [F3] 셀에 삽입된 그림을 선택하여 그림 스타일을 임의대로 설정합니다.
   ※ [E3] 셀 : 그림 테두리(녹색), 두께(3pt), 그림 효과(네온-8pt, 녹색, 강조색 6)
      [F3] 셀 : 그림 테두리(진한 파랑), 두께(3pt), 그림 효과(그림자-오프셋, 오른쪽 아래, 입체 효과-둥글게)

6. 저장할 폴더를 선택하고 '감염병(완성)'으로 저장합니다.

CHAPTER 09 미션 수행하기

> 문제 01   ● 불러올 파일 : 미션수행 01.xlsx   ● 완성된 파일 : 미션수행 01(완성).xlsx

'미션수행 01.xlsx' 파일을 열어 그림 스타일을 설정해봅니다.

① [B2] 셀 : [그림 스타일]–'부드러운 가장자리 타원', [그림 효과]–'네온, 5pt, 황금색, 강조색 4'

② [D2] 셀 : [그림 스타일]–'대각선 방향의 모서리 잘림'

③ [B4] 셀 : [그림 효과]–[입체 효과]–'디벗'

④ [D4] 셀 : [그림 효과]–[기본 설정]–'기본 설정 6', [그림 효과]–'네온–5pt, 주황, 강조색 2'

CHAPTER 10 내 물건은 내가 챙겨요.

●불러올 파일 : 이름표.xlsx ●완성된 파일 : 이름표(완성).xlsx

학습목표

- 워드아트 삽입과 글꼴 서식을 설정합니다.
- 워드아트 스타일 설정합니다.
- 텍스트 상자를 삽입하고 서식을 설정합니다.

오늘 배울 기능 : 워드아트 삽입, 워드아트 스타일, 텍스트 상자 삽입

🔍 완성작품 미리보기

스토리 소개 나에게 중요한 물건은 나를 행복하게 만들어 줍니다. 자기 물건을 소중하게 생각하는 마음을 가지고 스스로 챙길 줄 알아야 합니다. 오늘은 자기 물건이라는 것을 알릴 수 있게 워드아트 기능을 익혀서 이름표를 만들어 보겠습니다.

01 눈금선 해제하기

1. [Excel 2021]을 실행한 다음 [불러올 파일]-[CHAPTER 10]-'이름표.xlsx' 파일을 불러옵니다.

2. [보기] 탭-[표시] 그룹-[눈금선]의 체크상자를 클릭해서 해제합니다.

02 워드아트 삽입 후, 서식 설정하기

1. [B14] 셀을 선택하고 [삽입] 탭-[텍스트]그룹-'WordArt( )'를 클릭합니다.

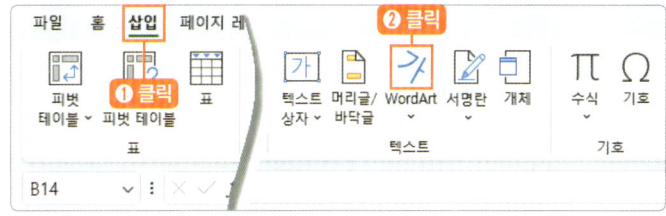

2. 워드아트(채우기: 파랑, 강조색 1, 그림자)를 선택하면 '필요한 내용을 적으십시오.' 텍스트 상자가 나타납니다. 넣고 싶은 이름을 입력합니다.

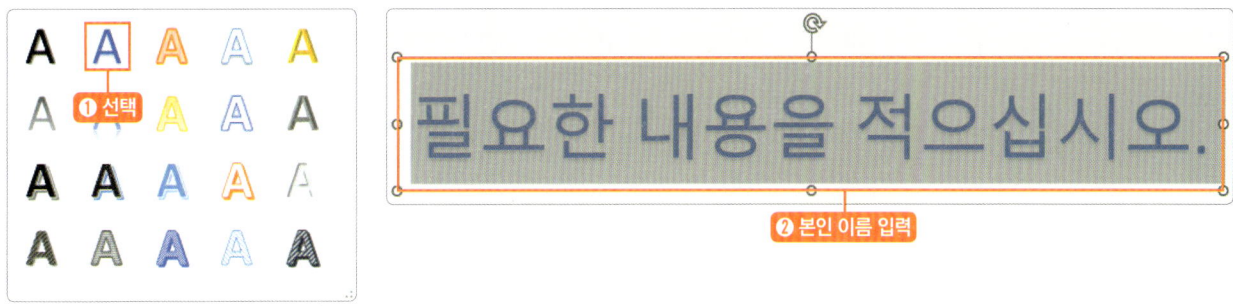

3. 입력한 워드아트의 테두리를 클릭합니다.

4. 원하는 글꼴을 클릭합니다.
   ※ 본문 글꼴(HY엽서M)

03 워드아트 효과 적용하기

1. 입력한 워드아트가 선택된 상태에서 [도형 서식] 탭-[WordArt 스타일] 그룹-[텍스트 효과(가)]-[변환]-'사각형'을 선택합니다.

2. 변환된 워드아트의 테두리를 선택한 상태에서 드래그해서 첫 번째 그림의 위치로 이동하고 크기 조절을 합니다.

04 워드아트 삽입 후, 서식 설정하기

1. [E14] 셀을 선택하고 [삽입] 탭-[텍스트] 그룹-'텍스트 상자(가)'를 클릭한 후, 두 번째 그림의 위치에 맞게 드래그합니다.

2. 이름표에 넣고 입력한 다음 텍스트 상자의 테두리를 클릭하고 원하는 글꼴을 선택합니다.
   ※ 본문 글꼴(HY헤드라인M)

3. [도형 서식] 탭-[도형 스타일] 그룹-[도형 채우기( )]-'채우기 없음'을 클릭하고 [도형 윤곽선( )]-'윤곽선 없음'을 선택합니다.

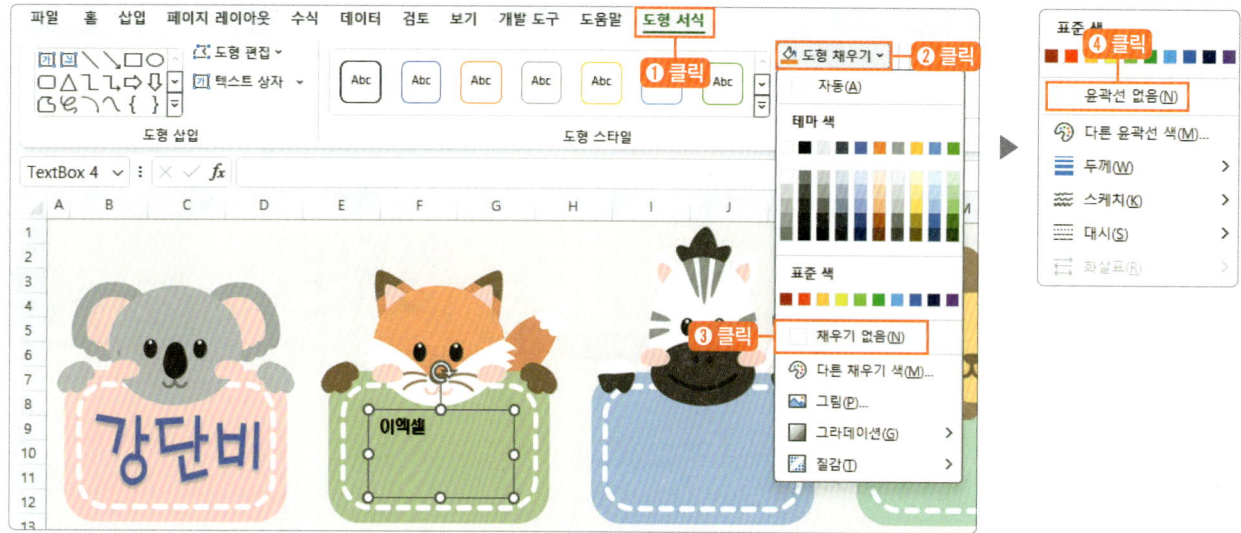

4. [도형 서식] 탭-[WordArt 스타일] 그룹-[텍스트 효과( )]-'변환'에서 원하는 효과(물결: 아래로)를 선택한 후, [텍스트 효과]-'네온'에서 원하는 효과(5pt, 주황, 강조색 2)를 클릭합니다.

5. 같은 방법으로 다른 그림에도 워드아트와 텍스트 상자를 삽입하여 완성합니다.

6. 저장할 폴더를 선택하고 '이름표(완성)'으로 저장합니다.

CHAPTER 10 미션 수행하기

문제 01   ● 불러올 파일 : 미션수행 01.xlsx   ● 완성된 파일 : 미션수행 01(완성).xlsx

'미션수행 01.xlsx' 파일을 열어 워드아트 스타일을 설정해 봅니다.

① WordArt 스타일을 원하는 대로 삽입합니다.
② 텍스트 채우기 효과를 원하는 대로 설정합니다.
③ 텍스트 윤곽선 효과를 원하는 대로 설정합니다.
④ 텍스트 효과를 원하는 대로 설정합니다.

CHAPTER 11 나는야 동물 박사

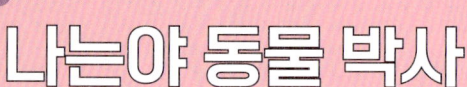

● 불러올 파일 : 해양생물.xlsx   ● 완성된 파일 : 해양생물(완성).xlsx

학습목표

- 도형 삽입 기능을 익힙니다.
- 도형 서식을 설정합니다.
- 도형을 앞으로 가져오기 또는 뒤로 보내기를 설정합니다.

오늘 배울 기능 : 도형 삽입, 도형 서식, 앞으로 가져오기, 뒤로 보내기

🔍 완성작품 미리보기

 **스토리 소개** 산과 들, 바다, 강 등에는 다양한 생물들이 살고 있습니다. 어떤 환경과 기후에서 생물들이 살고 있는지 특성을 잘 안다면 훌륭한 동물 박사가 될 수 있을 것입니다. 오늘은 도형 삽입 기능을 익혀 바닷속에서 사는 물고기를 그려보겠습니다.

01 물고기 몸통 도형 삽입하기

1. [Excel 2021]을 실행한 다음 [불러올 파일]-[CHAPTER 11]-'해양생물.xlsx' 파일을 불러옵니다.

2. [보기] 탭-[표시] 그룹-[눈금선]을 클릭해서 해제합니다.

3. 물고기의 몸통을 삽입하기 위해 [삽입] 탭-[일러스트레이션] 그룹-[도형( )]-[기본 도형]-'달'을 선택하고 임의의 셀 위치에서 드래그합니다.

4. 노란색 조절점을 오른쪽으로 드래그해서 모양을 변경합니다.

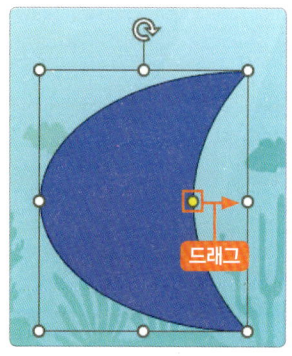

CHAPTER 11 나는야 동물 박사 ● 069

5. [도형 서식] 탭-[도형 윤곽선(✏️)]-'윤곽선 없음'을 선택합니다.

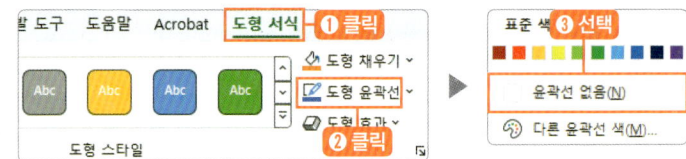

6. [도형 서식] 탭-[도형 채우기(🎨)]-'파랑, 강조 1, 25% 더 어둡게'를 선택합니다.

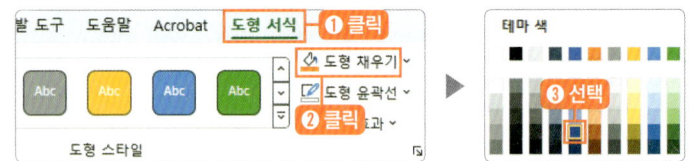

7. 삽입한 도형을 드래그해서 위치를 조절합니다.

02 입 도형 삽입하기

1. 입 모양을 삽입하기 위해 [삽입] 탭-[일러스트레이션] 그룹-'도형(🔵)'를 클릭하고 [기본 도형]-'하트'를 선택한 후, 드래그합니다.

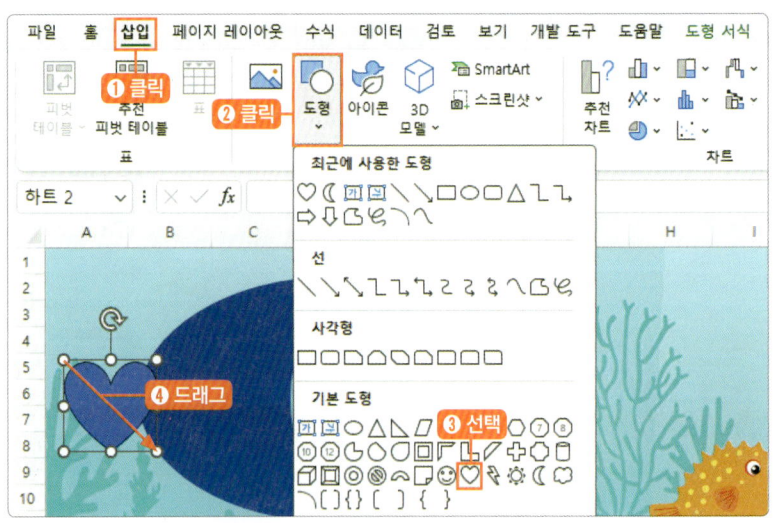

2. [도형 서식] 탭-[도형 윤곽선(✏️)]-'윤곽선 없음'을 선택합니다.

3. 삽입한 하트 도형을 몸통 왼쪽으로 이동하고 회전( )모양을 왼쪽으로 드래그합니다.

4. [도형 서식] 탭-[정렬] 그룹-'뒤로 보내기( )'를 한 번 클릭합니다.

03 꼬리, 눈 도형 삽입하기

1. 꼬리 모양을 삽입하기 위해 [삽입] 탭-[일러스트레이션] 그룹-'도형( )'을 클릭하고 [기본 도형]-'부분 원형'을 선택한 후, Shift 키를 누른 채 넣고 싶은 위치에서 드래그합니다.

   ※ Shift 키를 누른 채 드래그하면 가로와 세로의 길이가 같은 도형이 삽입됩니다.

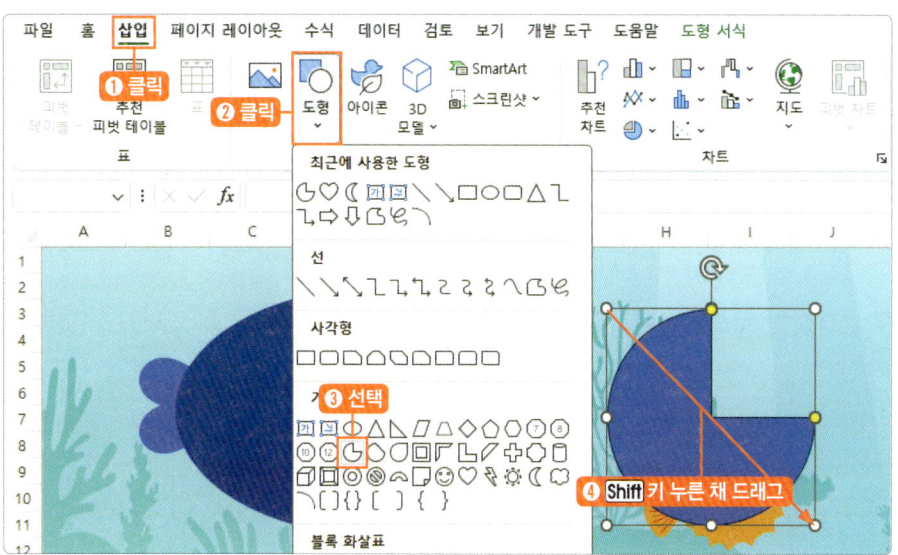

CHAPTER 11 나는야 동물 박사 • 071

2. 회전하여 위치를 조절하고 노란색 조절점을 드래그해서 모양을 변경합니다.

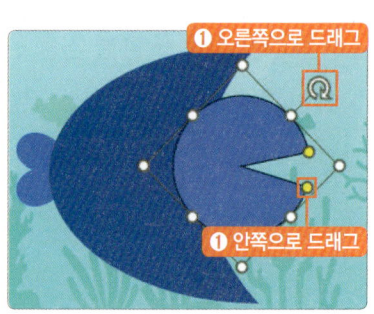

3. [도형 서식] 탭-[도형 윤곽선(   )]-'윤곽선 없음'을 선택합니다. 이어서, [도형 서식] 탭-[정렬] 그룹-'뒤로 보내기(   )'를 클릭합니다.

4. 눈 모양을 삽입하기 위해 [삽입] 탭-[일러스트레이션] 그룹-'도형(   )'를 클릭하고 [기본 도형]-'타원'을 선택한 후, 원하는 위치에서 드래그합니다.

5. [도형 서식] 탭-[도형 채우기(   )]-'검정, 텍스트 1'을 클릭하고 [도형 윤곽선(   )]-'윤곽선 없음'으로 설정합니다.

6. 타원 도형을 한 개 더 삽입하고 [도형 채우기]-'흰색, 배경 1'로 설정하고 [도형 윤곽선]-'윤곽선 없음'으로 설정한 후, 위치를 조절합니다.

7. 저장할 폴더를 선택하고 '해양생물(완성)'으로 입력한 후, <저장> 단추를 클릭합니다.

CHAPTER 11 미션 수행하기

문제 01 ● 불러올 파일 : 미션수행 01.xlsx   ● 완성된 파일 : 미션수행 01(완성).xlsx

'미션수행 01.xlsx' 파일을 열고 완성된 작은 그림을 참고하여 도형 삽입을 해봅니다.

① **호랑이** : [기본 도형]-[타원], [현]

② **곰** : [기본 도형]-[타원], [원], [하트]
  '코' 그림을 드래그해서 위치를 맞추고 [그림 서식]-[정렬]-[맨 앞으로 가져오기]

③ **토끼** : [기본 도형]-[타원]

CHAPTER 12 피자가게를 운영해요.

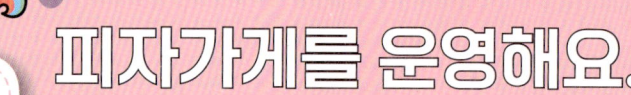

● 불러올 파일 : 피자가게.xlsx   ● 완성된 파일 : 피자가게(완성).xlsx

학습목표

- 시트 탭 색을 변경합니다.
- 그림을 다른 시트로 복사하고 붙입니다.
- 그림을 다른 시트로 자르고 붙입니다.

오늘 배울 기능 : 시트 탭 색 변경, 개체 복사, 자르기, 붙이기

 완성작품 미리보기

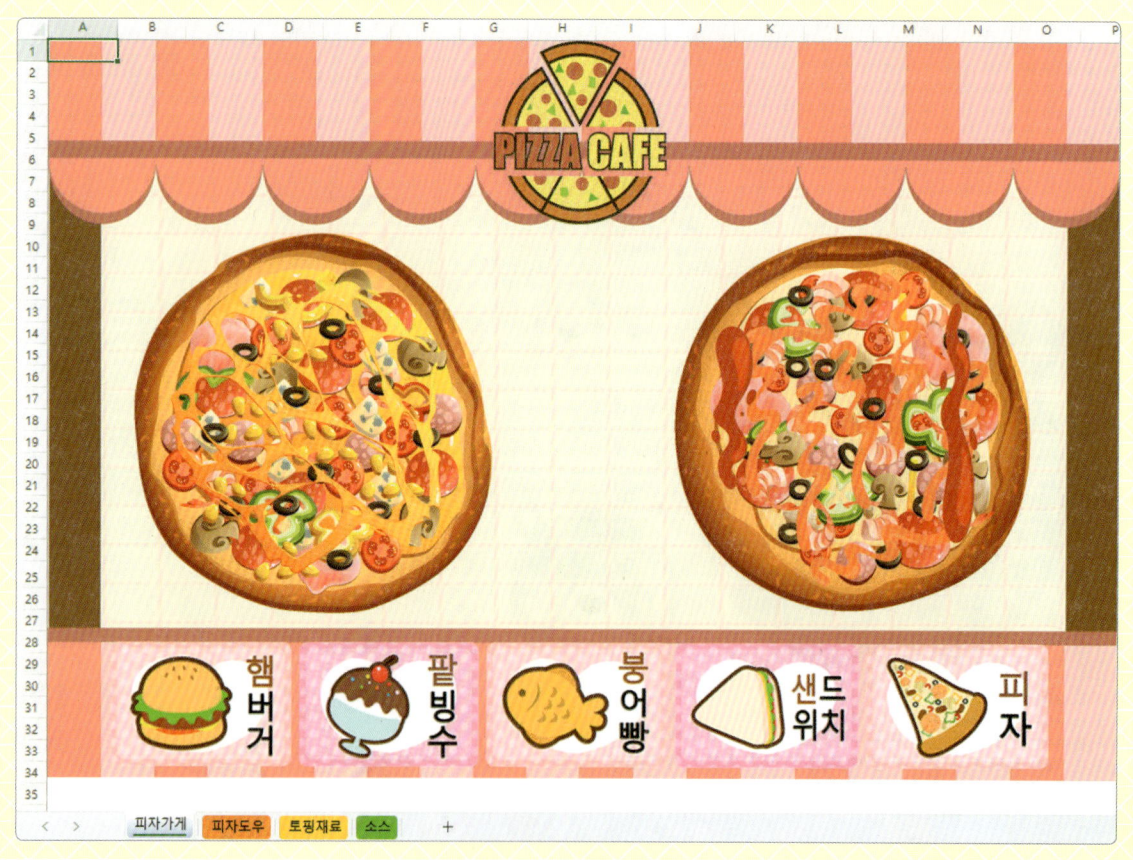

 **스토리 소개** 피자는 밀가루로 만든 여러 가지 소스와 치즈 등 여러 가지 토핑을 얹어서 구운 이탈리아의 대표적인 빵 요리입니다. 오늘은 피자도우, 토핑 재료, 소스 시트에서 필요한 재료를 가져와서 나만의 피자를 만들어 보겠습니다.

01 시트 탭 색상 변경하기

1. [Excel 2021]을 실행한 다음 [불러올 파일]-[CHAPTER 12]-'피자가게.xlsx' 파일을 불러옵니다.

2. [Sheet1], [Sheet2], [Sheet3], [Sheet4] 시트를 차례대로 더블클릭하여 '피자가게', '피자도우', '토핑재료', '소스'로 입력하고 Enter 키를 누릅니다.

3. [피자가게] 시트 위에서 마우스 오른쪽 버튼을 눌러 [탭 색]을 클릭한 후, 원하는 색(파랑, 강조 1)을 선택합니다.

   ※ 탭 색을 적용하면 현재 시트는 연한 색으로 보입니다. 다른 시트 탭을 클릭하면 선택한 색상으로 적용됩니다.

4. [피자도우], [토핑재료], [소스] 시트 탭의 색상을 변경합니다.

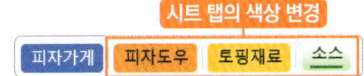

02 피자도우를 복사하여 다른 시트에 붙여넣기

1. [피자도우] 시트를 눌러 원하는 피자도우 그림을 선택하고 Ctrl + C 키를 누릅니다.

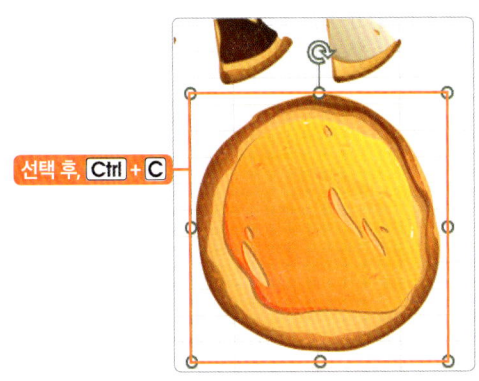

2. [피자가게] 시트를 눌러 [B10] 셀을 선택하고 Ctrl + V 키를 누릅니다.

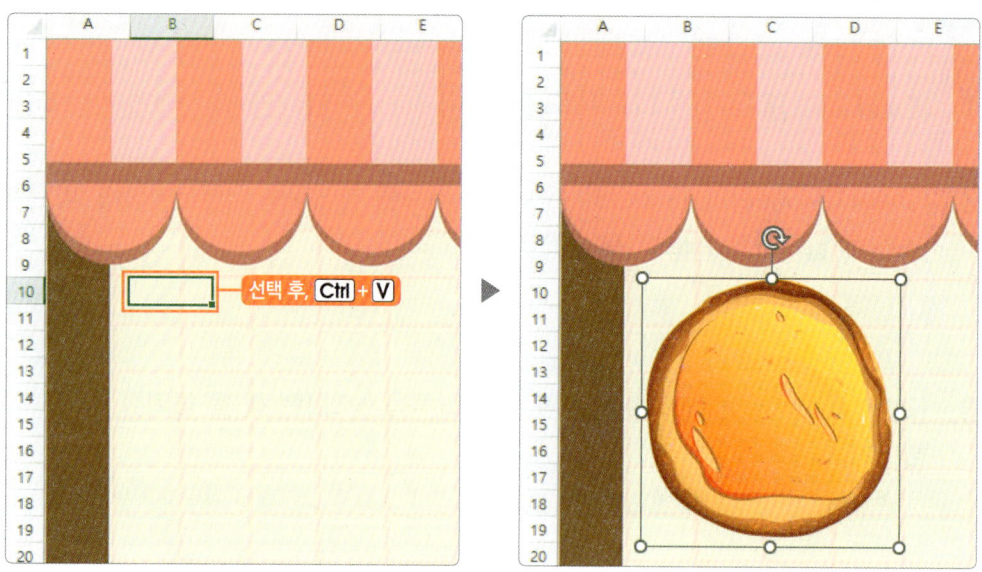

3. 테두리에 있는 크기 조절점을 드래그해서 크기를 조절하고 원하는 위치로 드래그합니다.

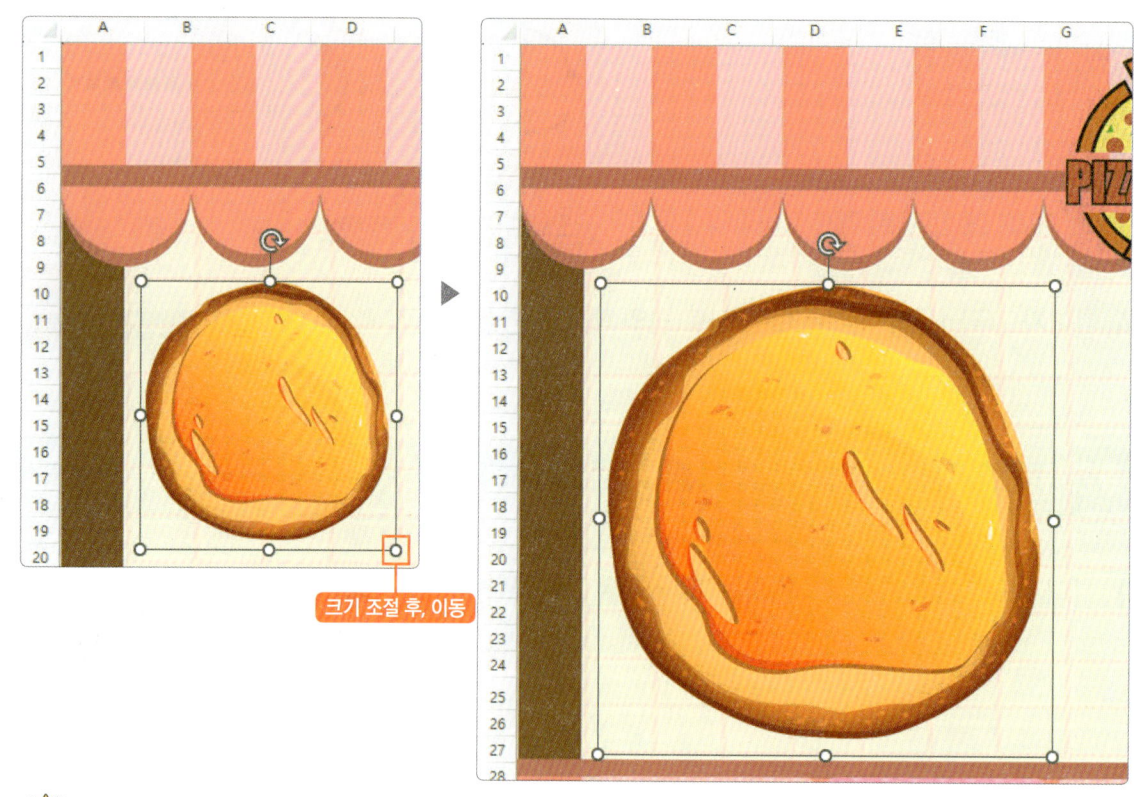

복사와 붙여넣기

단축키 사용이 어렵다면 [홈]-[클립보드] 그룹에서 [복사], [붙여넣기]를 사용합니다.

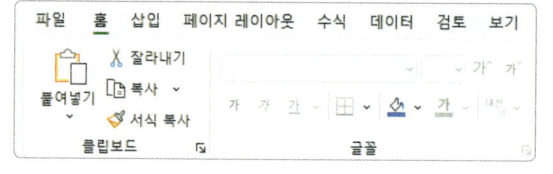

03 토핑 재료를 잘라서 다른 시트에 붙여넣기

1. [토핑재료] 시트를 눌러 원하는 토핑 재료 그림을 선택하고 Ctrl + X 키를 누릅니다.

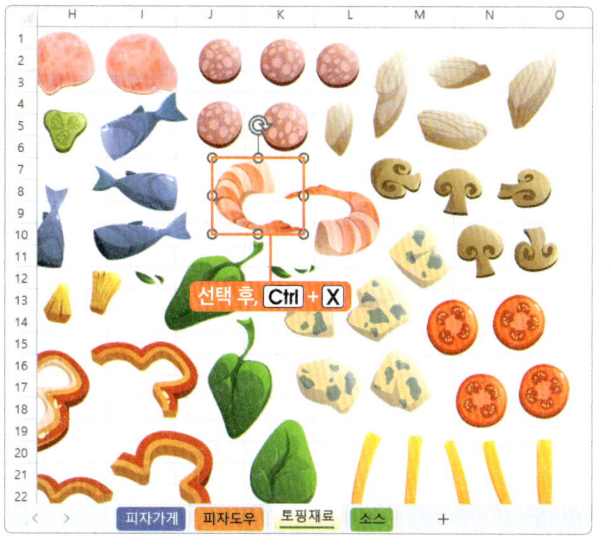 

2. [피자가게] 시트를 클릭한 다음 Ctrl + V 키를 누릅니다.

3. 테두리에 있는 크기 조절점을 드래그해서 크기를 조절하고 원하는 위치로 드래그합니다.

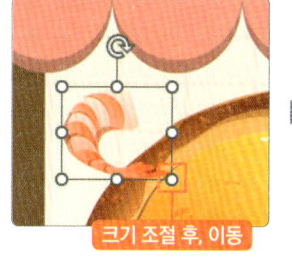 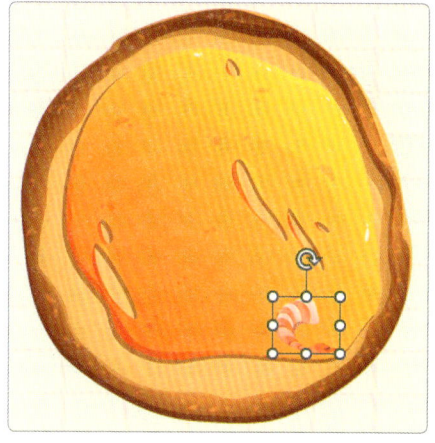

04 삽입한 이미지 회전하기

1. 앞에서 삽입한 그림을 선택한 상태에서 Ctrl + C 키를 누르고 다시 Ctrl + V 키를 누릅니다.

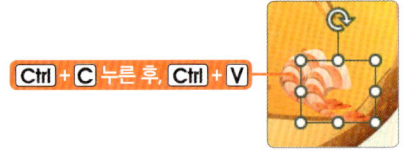

2. [그림 서식] 탭-[정렬] 그룹-[회전( )]-'좌우대칭'을 선택하고 크기를 조절하여 원하는 위치로 드래그합니다.

3. Ctrl + V 키를 여러 번 눌러 같은 그림을 여러 개 붙여넣기 한 후, 원하는 위치로 드래그합니다.

4. [토핑재료], [소스] 시트에 있는 여러 가지 재료들을 복사해서 붙이거나 잘라내어 붙여서 완성합니다.

5. 저장할 폴더를 선택하고 '피자가게(완성)'으로 저장합니다.

CHAPTER 12 미션 수행하기

문제 01 ●불러올 파일 : 미션수행 01.xlsx ●완성된 파일 : 미션수행 01(완성).xlsx

'미션수행 01.xlsx' 파일을 열어 아래 그림을 참고하여 완성해 봅니다.

① **시트 이름 변경** : [Sheet1] → [햄버거], [Sheet2] → [재료]
② [재료] 시트 색을 변경합니다.
③ [재료] 시트에 있는 재료들을 복사해서 [햄버거] 시트에 붙이고 크기와 위치를 설정합니다.

CHAPTER 13 내일부터 여행작가

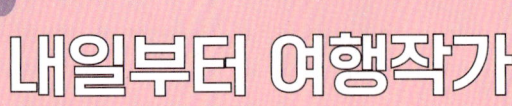

● 불러올 파일 : 여행작가.xlsx   ● 완성된 파일 : 여행작가(완성).xlsx

- 연결선을 삽입합니다.
- 도형 윤곽선 스타일을 설정합니다.
- 연결선을 이동합니다.

오늘 배울 기능 : 연결선 삽입, 도형 윤곽선 스타일 변경, 연결선 이동

완성작품 미리보기

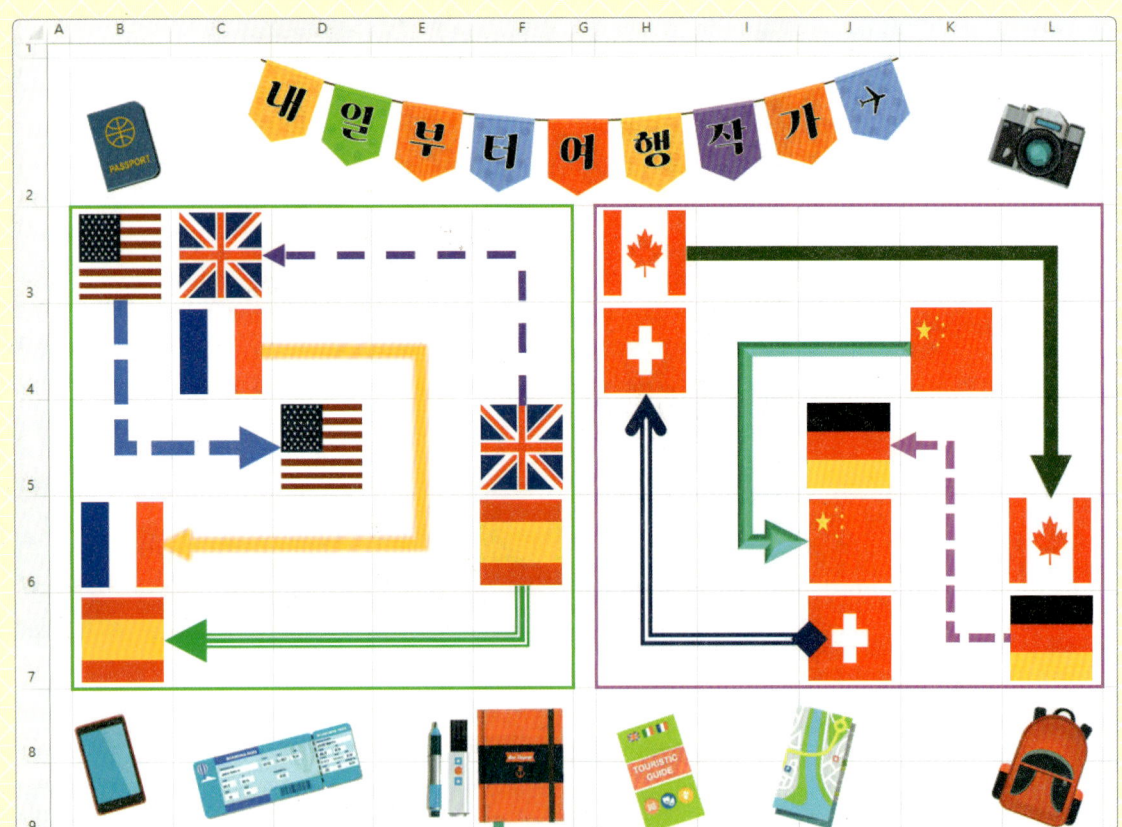

스토리 소개 우리나라 또는 세계 여러 나라를 다니면서 글과 사진으로 책을 만들거나 다양한 정보를 소개하는 사람을 여행작가라고 합니다. 오늘은 같은 국기끼리 선으로 서로 연결하는 기능을 익혀보겠습니다.

01 연결선 삽입하기

1. [Excel 2021]을 실행한 다음 [불러올 파일]-[CHAPTER 13]-'여행작가.xlsx' 파일을 불러옵니다.

2. [삽입] 탭-[일러스트레이션] 그룹-'도형( )'을 클릭하고 [선]에서 '연결선: 꺾인 화살표'를 선택합니다.

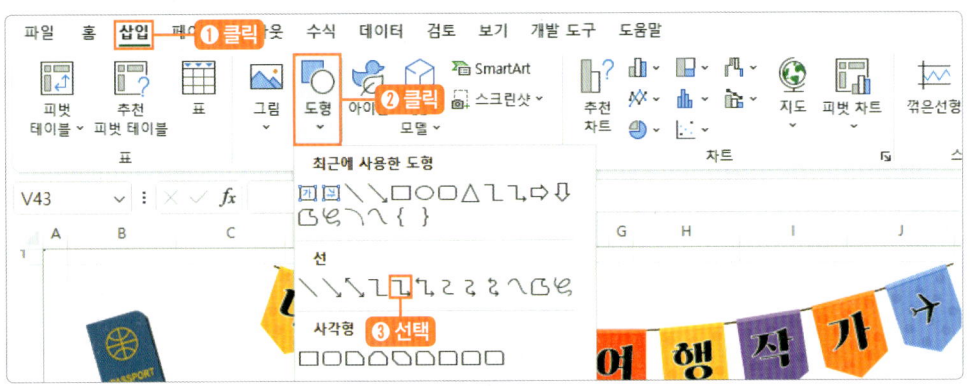

3. [B3] 셀 위에 마우스 포인터를 두면 그림의 바깥쪽에 연결점 4개가 보입니다. 아래쪽 중간 연결점을 클릭하면 선이 삽입됩니다.

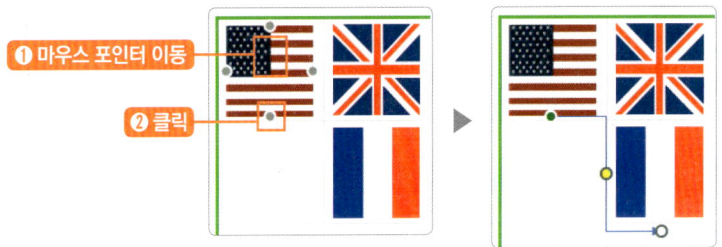

4. 삽입된 선의 끝부분 화살표를 마우스로 클릭한 상태에서 [D5] 셀에 삽입된 그림의 왼쪽 연결점으로 드래그합니다. 두 개의 그림이 연결됩니다.

※ 그림을 이동하면 연결선이 그림과 붙어있는 상태이므로 그림도 같이 이동됩니다.

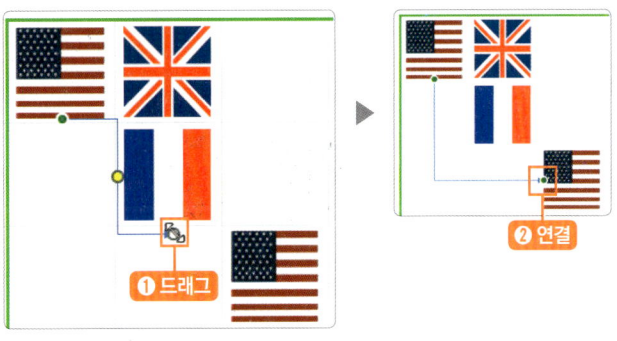

02 도형 윤곽선 스타일 설정하기

1. 삽입된 연결선이 선택된 상태에서 [도형 서식] 탭-[도형 스타일] 그룹-'빠른 스타일(▼)'을 클릭한 다음 [테마 스타일]에서 '강한 선 – 강조 1'을 선택합니다.

2. [도형 서식] 탭-[도형 스타일] 그룹-[도형 윤곽선(✏)]-[대시]-'사각점선'을 선택합니다.

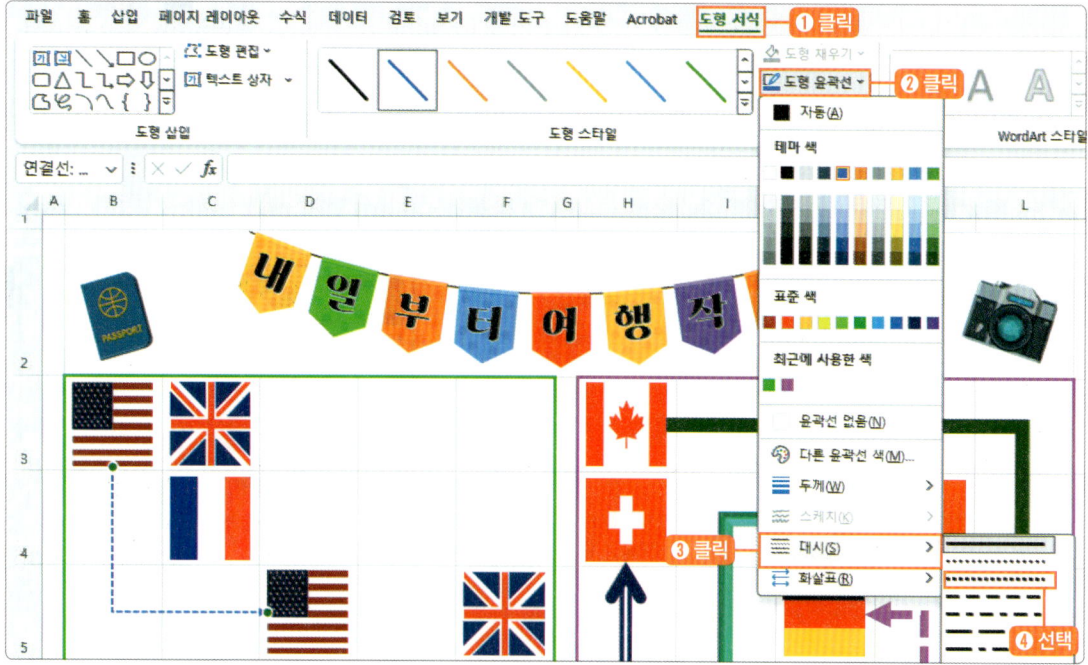

3. [도형 서식] 탭-[도형 스타일] 그룹-[도형 윤곽선]-[두께]-'다른 선'을 클릭하면 오른쪽에 도형 서식 목록이 나옵니다. 이어서, [너비]의 입력 창을 클릭하여 '10'을 입력하고 Enter 키를 누릅니다.

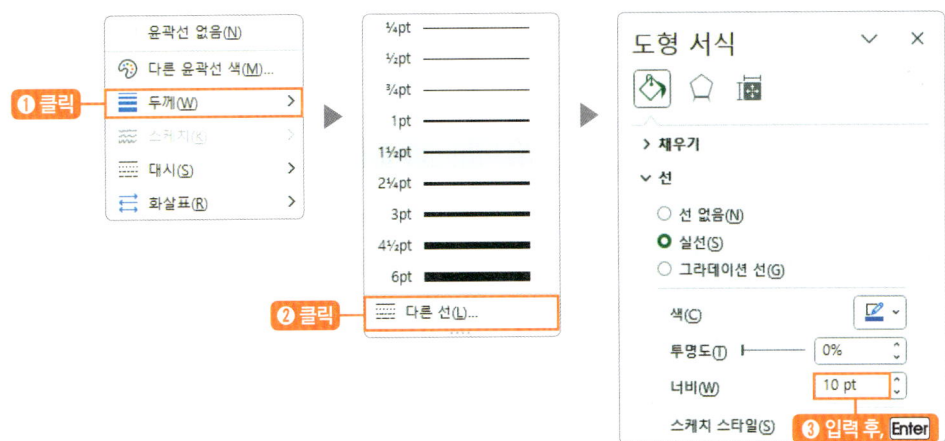

03 조절점을 이용하여 연결선 이동하기

1. [삽입] 탭-[일러스트레이션] 그룹-[도형]을 클릭하고 [선]에서 '연결선: 꺾인 화살표'를 선택한 후, [C4] 셀에 삽입된 그림의 오른쪽 연결점을 클릭합니다.

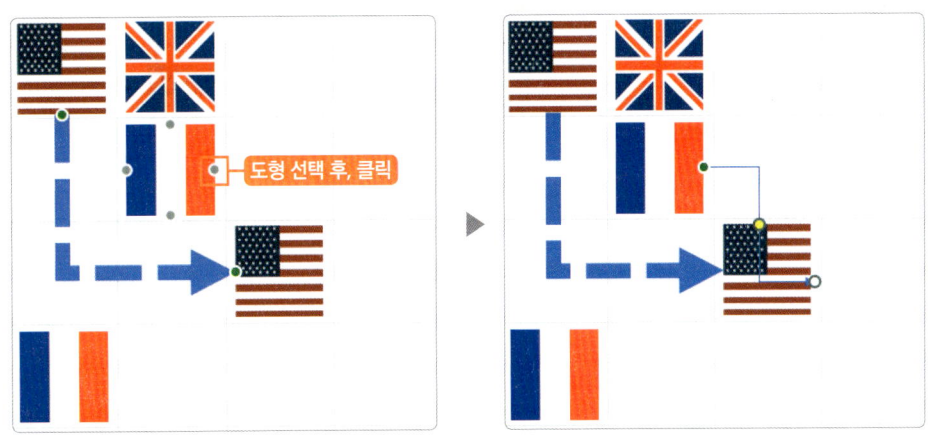

2. 삽입된 꺾인 화살표의 끝 지점을 클릭한 상태에서 [B6] 셀에 삽입된 그림의 오른쪽 연결점으로 드래그해서 놓습니다.

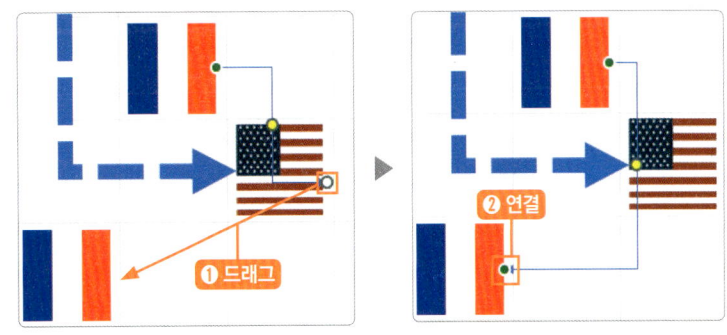

3. 가운데에 있는 노란색 조절점을 드래그해서 [E5] 셀의 중간 지점에 놓고 선의 길이를 조절합니다.

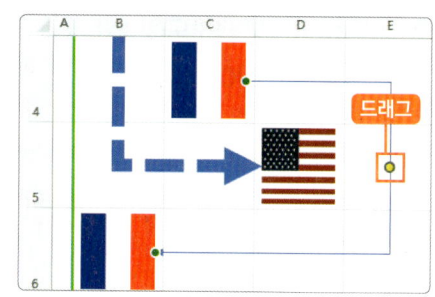

4. [도형 윤곽선]의 [색]-'주황', [두께]-'6pt'로 설정합니다.

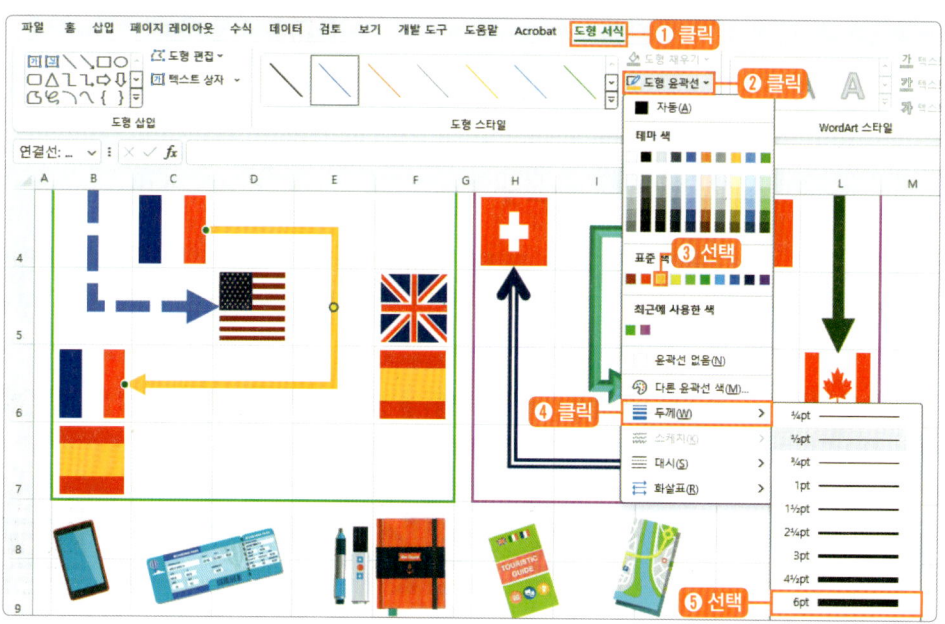

5. [도형 효과]의 [네온]-'5pt, 주황, 강조색 2'를 선택합니다.

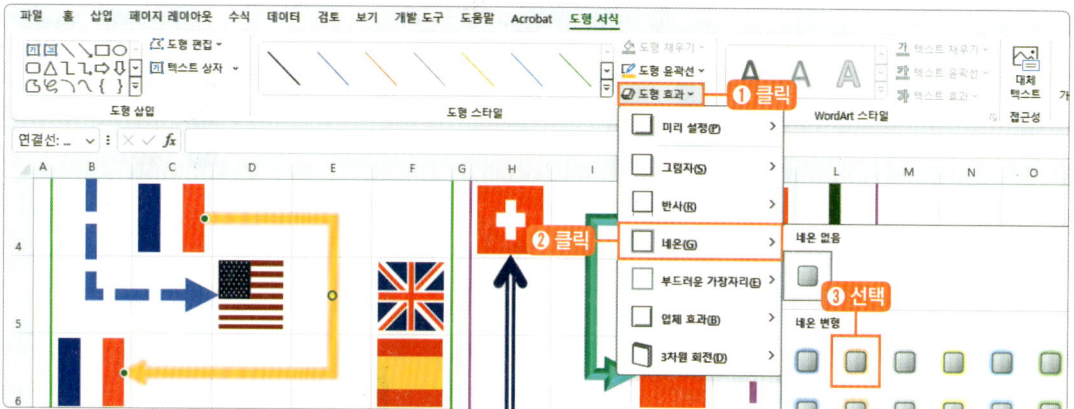

6. 같은 방법으로 [C3] 셀의 그림과 [F5] 셀의 그림을 연결하고 [B7] 셀의 그림과 [F6] 셀의 그림을 연결하여 완성합니다.
   ※ 연결선이 다른 그림 또는 다른 연결선과 겹치지 않도록 합니다.

7. 저장할 폴더를 선택하고 파일 이름을 '여행작가(완성)'으로 저장합니다.

CHAPTER 13 미션 수행하기

문제 01 ● 불러올 파일 : 미션수행 01.xlsx   ● 완성된 파일 : 미션수행 01(완성).xlsx

보드 타는 사람들의 모습을 만들어 슬라이드 쇼를 실행해 봅니다.

① 각 윤곽선의 색을 원하는 색으로 설정합니다.
② 각 윤곽선의 두께를 원하는 두께로 설정합니다.
③ 각 윤곽선의 대시를 원하는 모양으로 설정합니다.
④ 각 윤곽선의 화살표를 원하는 모양으로 설정합니다.

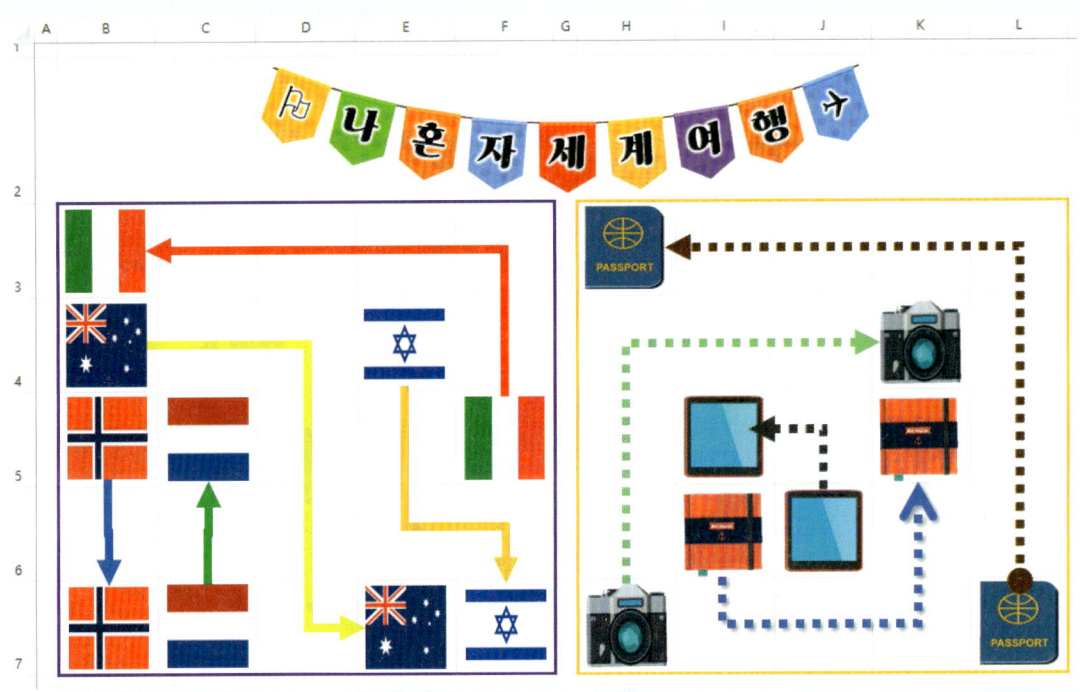

CHAPTER 14 공학박사의 쉬운 수학

●불러올 파일 : 구구단.xlsx   ●완성된 파일 : 구구단(완성).xlsx

학습목표

- 자동 채우기 핸들을 사용합니다.
- 셀 값을 계산합니다.
- 셀 복사 후, 수정합니다.

오늘 배울 기능 : 자동 채우기, 셀 값 계산

완성작품 미리보기

스토리 소개

어떤 특정한 분야에 관련된 다양한 지식을 가지고 있는 사람을 박사라고 합니다. 수학이나 과학 분야에 관련된 지식을 바탕으로 우리가 필요한 물건을 만들어 내는 사람을 공학박사라고 합니다. 오늘은 수학의 기본이 되는 구구단을 계산해보겠습니다.

01 자동 채우기 핸들 사용하기

1. [Excel 2021]을 실행한 다음 [불러올 파일]-[CHAPTER 14]-'구구단.xlsx' 파일을 불러옵니다.

2. [B3] 셀을 클릭하고 [B3] 셀의 오른쪽 모서리에 있는 채우기 핸들(▪)을 마우스 왼쪽 버튼을 누르면서 [B11] 셀까지 드래그합니다.

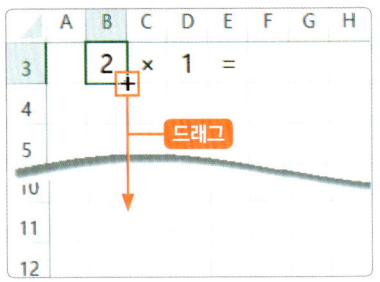

3. 같은 방법으로 각각 [C3] 셀과 [E3] 셀의 채우기 핸들을 [C11], [E13] 셀까지 드래그합니다.

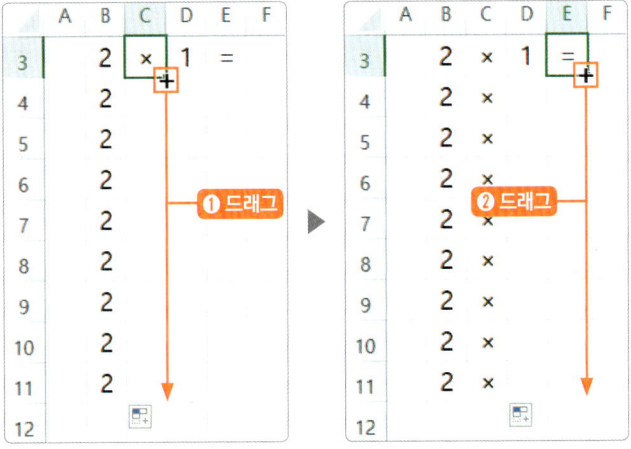

4. [D3] 셀을 클릭하고 [D3] 셀의 채우기 핸들에 마우스 오른쪽 단추를 누르면서 [D11] 셀까지 드래그합니다. 이어서, [연속 데이터 채우기]를 클릭합니다.

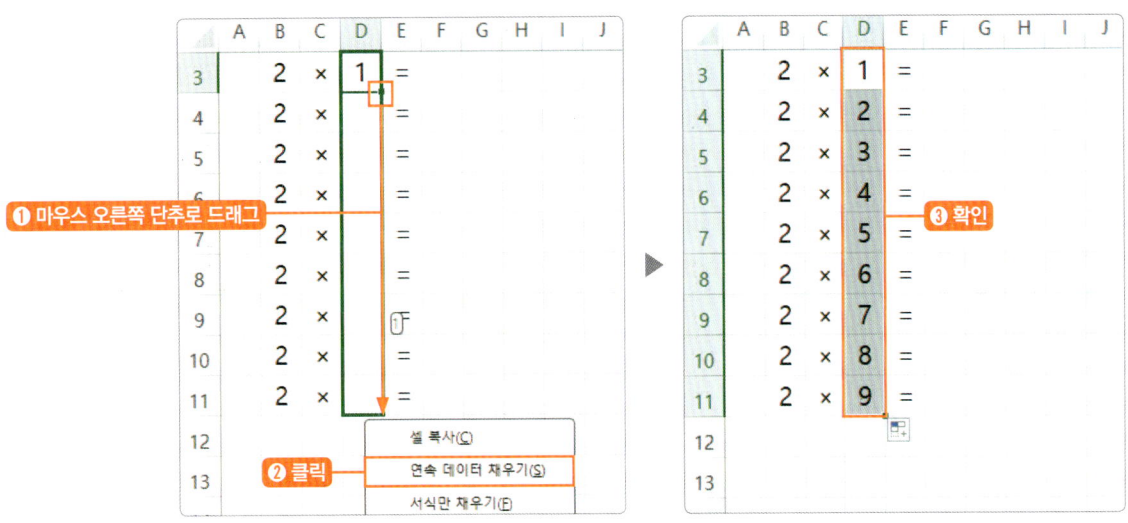

CHAPTER 14 공학박사의 쉬운 수학 • 087

02 셀 값 계산하기

1. [F3] 셀을 클릭하고 '='을 입력한 후, [B3] 셀을 클릭합니다. 이어서, '*'를 입력하고 [D3] 셀을 클릭한 후, Enter 키를 누릅니다. 자동으로 계산된 값이 출력됩니다.

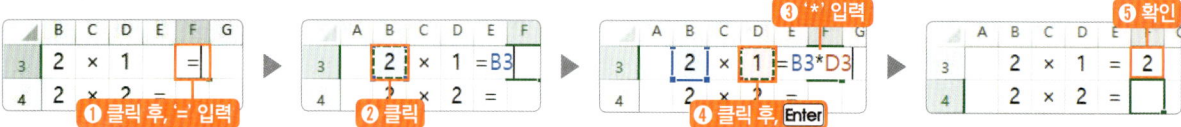

2. [F3] 셀을 클릭하고 [F3] 셀의 채우기 핸들을 [F11] 셀까지 드래그합니다. 계산식이 자동으로 복사되어 계산된 값이 출력됩니다.

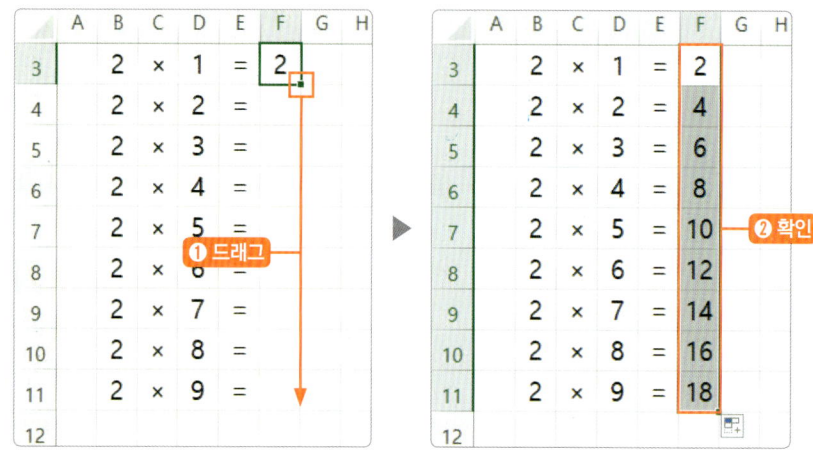

03 셀 복사하고 셀 값 수정하기

1. [B3] 셀부터 [F11] 셀까지 드래그하고 Ctrl+C 키를 누른 다음 [H3] 셀을 클릭한 후, Ctrl+V 키를 누릅니다.

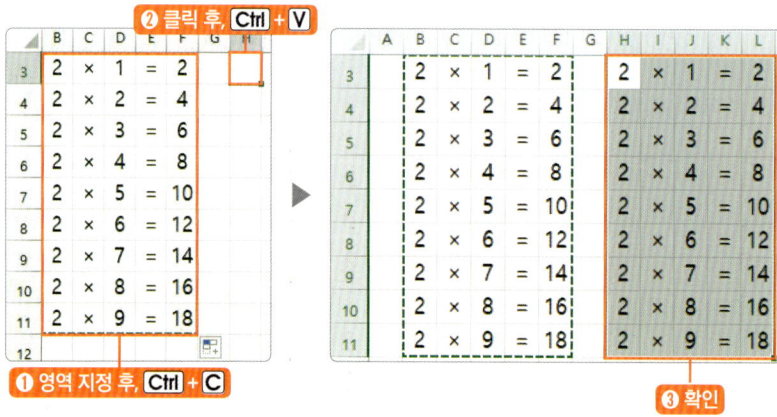

2. [H3] 셀을 클릭하여 '3'을 입력한 다음 [H3] 셀의 채우기 핸들을 [H11] 셀까지 드래그합니다. [L3] 셀부터 [L11] 셀까지 자동으로 계산된 값이 변경됩니다.

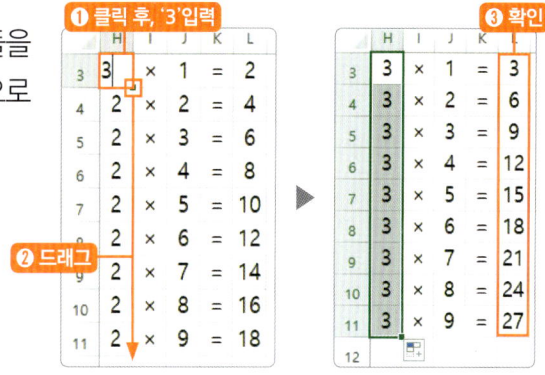

3. 같은 방법으로 4단과 5단을 만들기 위해서 복사 붙여넣기를 하고 [N3] 셀부터 [N11] 셀까지 [T3] 셀부터 [T11] 셀까지 값을 입력하고 채우기 핸들을 합니다.

04 셀에 테두리 설정하기

1. [B3] 셀부터 [F11] 셀까지 드래그하고 [홈] 탭-[글꼴] 그룹-[아래쪽 테두리(⊞)]-'다른 테두리(⊞)'를 선택합니다.

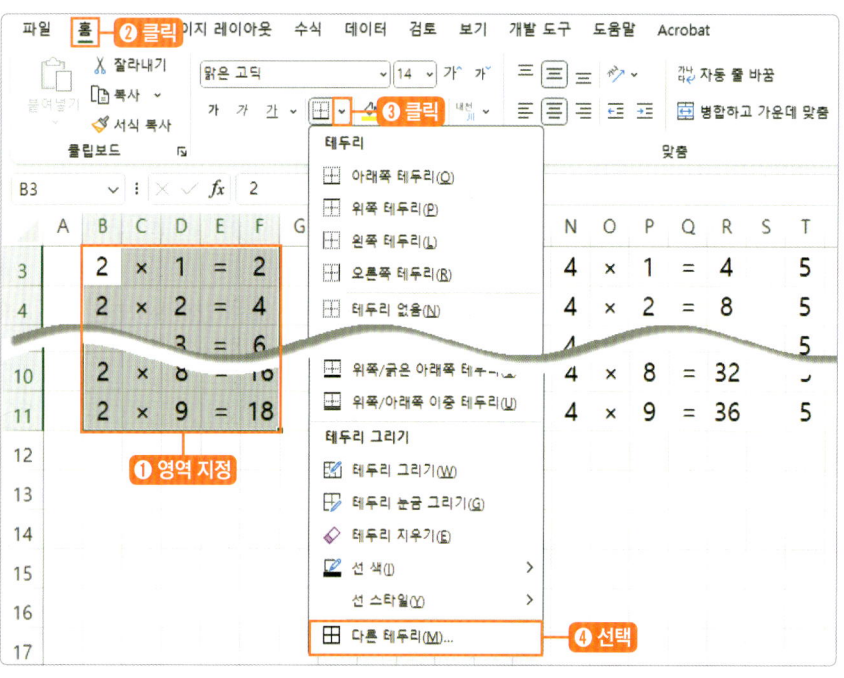

CHAPTER 14 공학박사의 쉬운 수학 • **089**

2. [셀 서식] 대화상자가 나오면 [스타일]-'굵은 테두리', [색]-'주황, 강조 2', [미리 설정]-'윤곽선'을 선택하고 <확인> 단추를 클릭합니다.

2. 나머지 각 셀에 테두리를 설정하고 저장할 폴더를 선택한 후, 파일 이름을 '구구단(완성)'으로 저장합니다.
   - [H3:L11] : [스타일]-'굵은 테두리', [색]-'파랑, 강조 1', [미리 설정]-'윤곽선'
   - [N3:R11] : [스타일]-'굵은 테두리', [색]-'자주', [미리 설정]-'윤곽선'
   - [T3:X11] : [스타일]-'굵은 테두리', [색]-'녹색, 강조 6', [미리 설정]-'윤곽선'

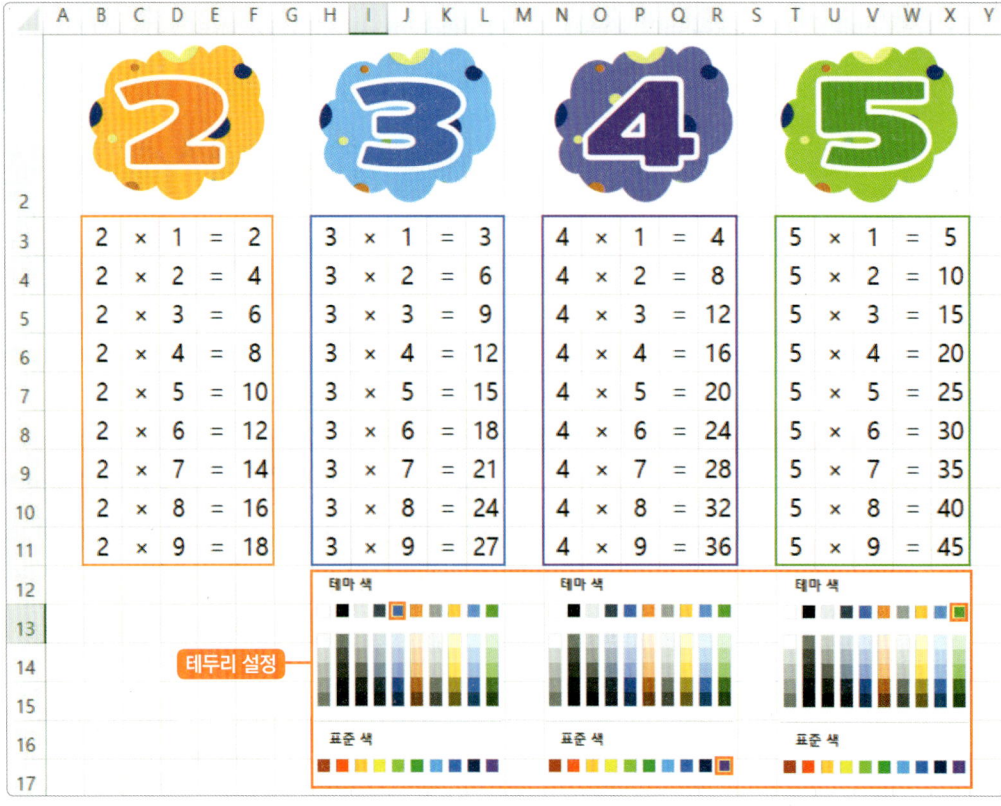

CHAPTER 14 미션 수행하기

문제 01 ● 불러올 파일 : 미션수행 01.xlsx   ● 완성된 파일 : 미션수행 01(완성).xlsx

'미션수행 01.xlsx' 파일을 열어 아래 그림을 참고하여 완성해 봅니다.

① [F3] 셀 : '=B3*D3'을 입력하고 **Enter** 키를 누릅니다.
② [B3] 셀부터 [F3] 셀까지 자동 채우기 핸들을 사용하여 복사와 연속 데이터 채우기를 합니다.
③ [B3] 셀부터 [F11] 셀까지 테두리를 설정하고 복사하여 [H3] 셀, [N3] 셀, [T3] 셀에 붙여넣기 합니다.
④ [H3] 셀부터 [L11] 셀까지, [N3] 셀부터 [R11] 셀까지, [T3] 셀부터 [X11] 셀까지 테두리를 설정합니다.

그래픽 디자이너의 특수효과

CHAPTER 15

● 불러올 파일 : 특수효과.xlsx   ● 완성된 파일 : 특수효과(완성).xlsx

학습목표

- 조건부 서식 기능을 익힙니다.
- 조건부 수식의 규칙 관리를 사용합니다.
- 조건부 수식의 사용자 지정 색을 설정합니다.

오늘 배울 기능 : 조건부 서식, 규칙 관리

완성작품 미리보기

스토리 소개 그래픽 디자이너는 여러 가지 기술을 가지고 그림이나 도형, 사진, 영상 등의 작품을 만들어 내는 사람입니다. 디자이너는 작품을 만들기 전에 계획과 설계를 합니다. 오늘은 점을 이용하여 그림을 표현할 수 있는 기능에 대해 알아보겠습니다.

01 조건부 서식 사용하기

1. [Excel 2021]을 실행한 다음 [불러올 파일]-[CHAPTER 15]-'특수효과.xlsx' 파일을 불러옵니다.

2. [A] 열 머리글과 [1] 행 머리글이 만나는 위치의 모두 선택()을 클릭합니다.

3. [홈] 탭-[스타일] 그룹-[조건부 서식( )]-'새 규칙'을 선택합니다.

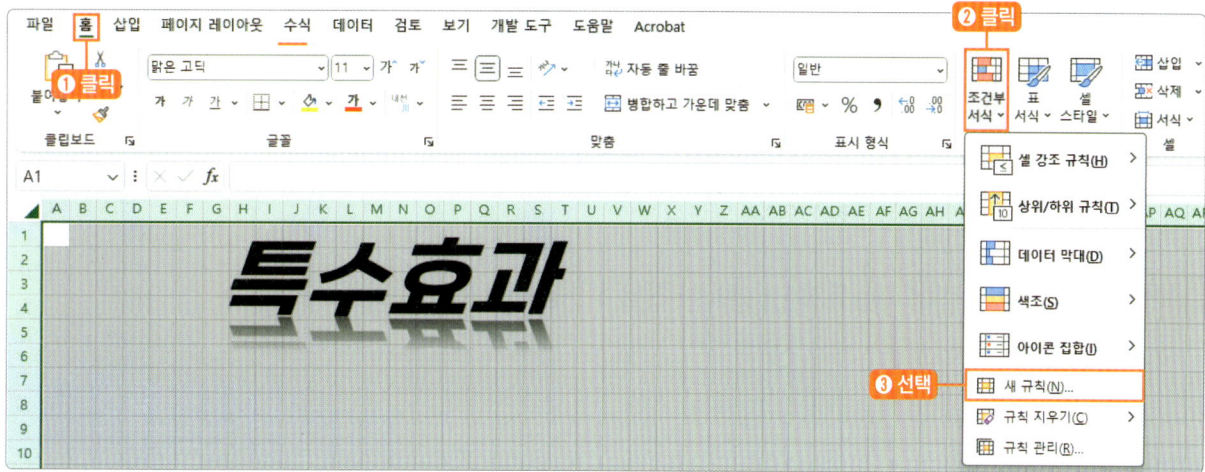

4. [새 규칙 서식] 대화상자가 나오면 [다음을 포함하는 셀만 서식 지정]을 선택하고 [규칙 설명 편집]에서 [해당 범위]를 클릭한 다음 '='을 클릭합니다. 이어서, 입력 칸에 '7'을 입력한 후, <서식> 단추를 클릭합니다.

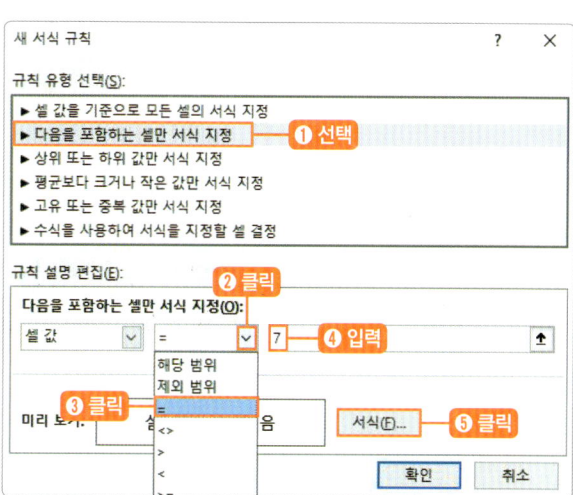

5. [글꼴] 탭-[색]-'황금색, 강조 4, 80% 더 밝게'를 선택하고 [채우기] 탭에서 [배경색]을 글꼴 색과 같은 색을 선택한 다음 <확인> 단추를 클릭합니다. 이어서, 한 번 더 <확인> 단추를 누릅니다.

   ※ 반드시 글꼴 색과 채우기 색이 같아야 합니다.

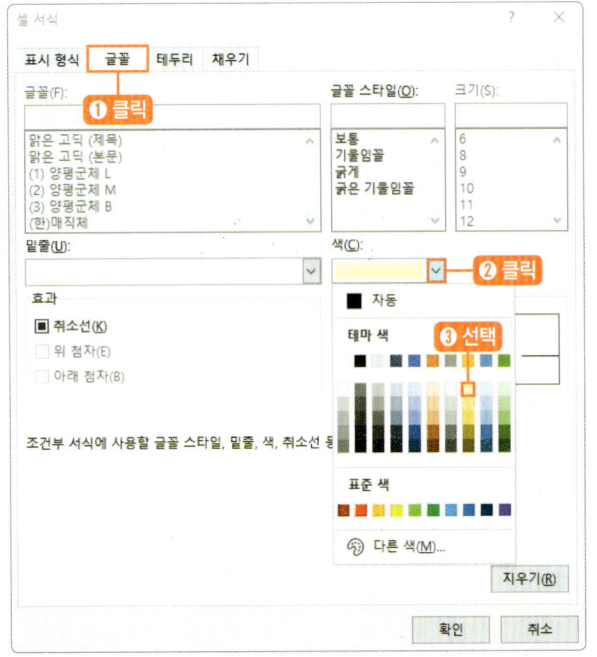
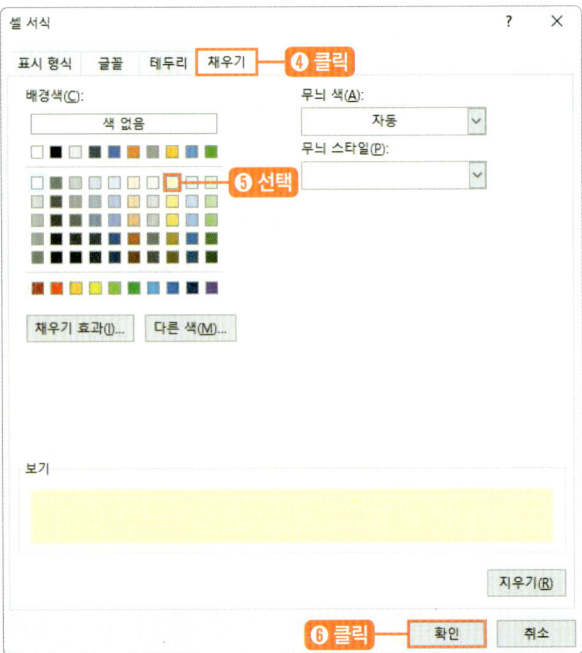

깜짝 퀴즈! 무슨 그림이 나왔을까요? 생각한 답을 적어보세요. (   )

※ 조건부 서식으로 색이 적용된 이유는 각 셀에 흰색으로 숫자가 입력되어 있습니다.

02 조건부 서식 규칙 관리 사용하기

1. 모두 선택(◢)을 클릭한 상태에서 [홈] 탭-[스타일] 그룹-[조건부 서식(▦)]-'규칙 관리'를 선택합니다.

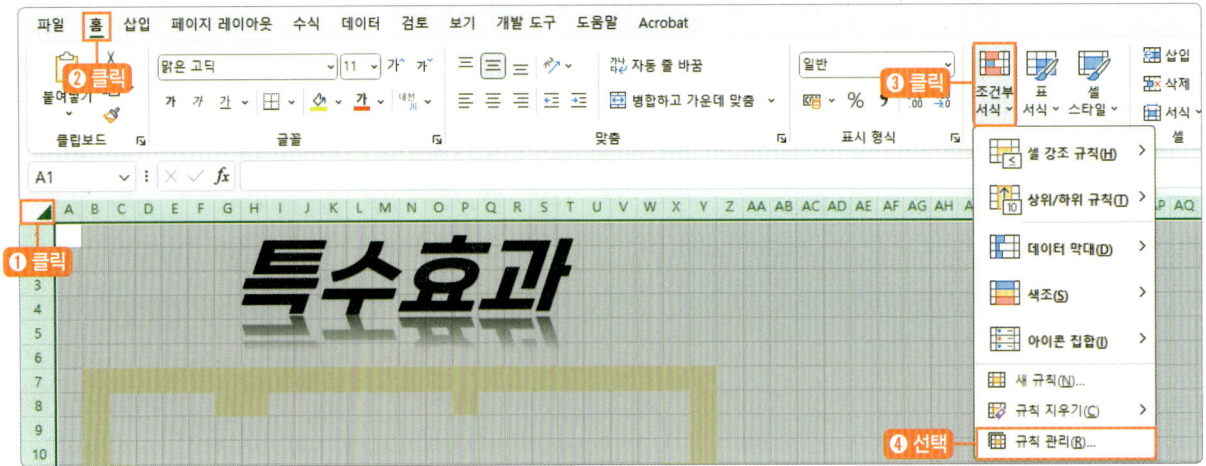

2. [조건부 서식 규칙 관리자] 대화상자가 나오면 [새 규칙]을 클릭합니다.

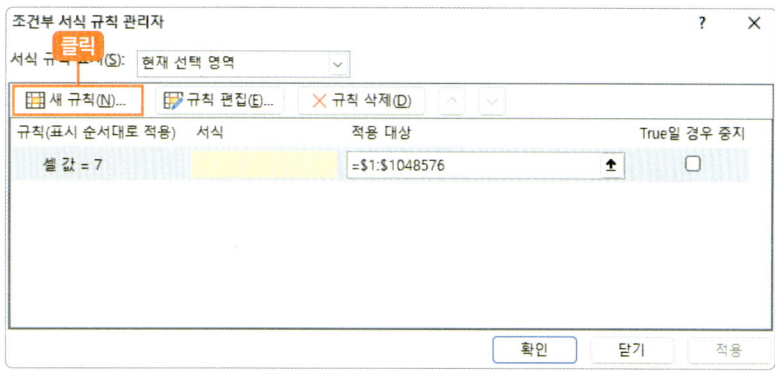

3. [새 서식 규칙] 대화상자가 나오면 [다음을 포함하는 셀만 서식 지정]을 선택한 후, 아래 그림과 같이 [규칙 설명 편집]을 설정하고 서식을 적용한 다음 <확인> 단추를 클릭합니다.
   - **글꼴 색과 채우기 색** : '녹색, 강조 6, 60% 더 밝게'

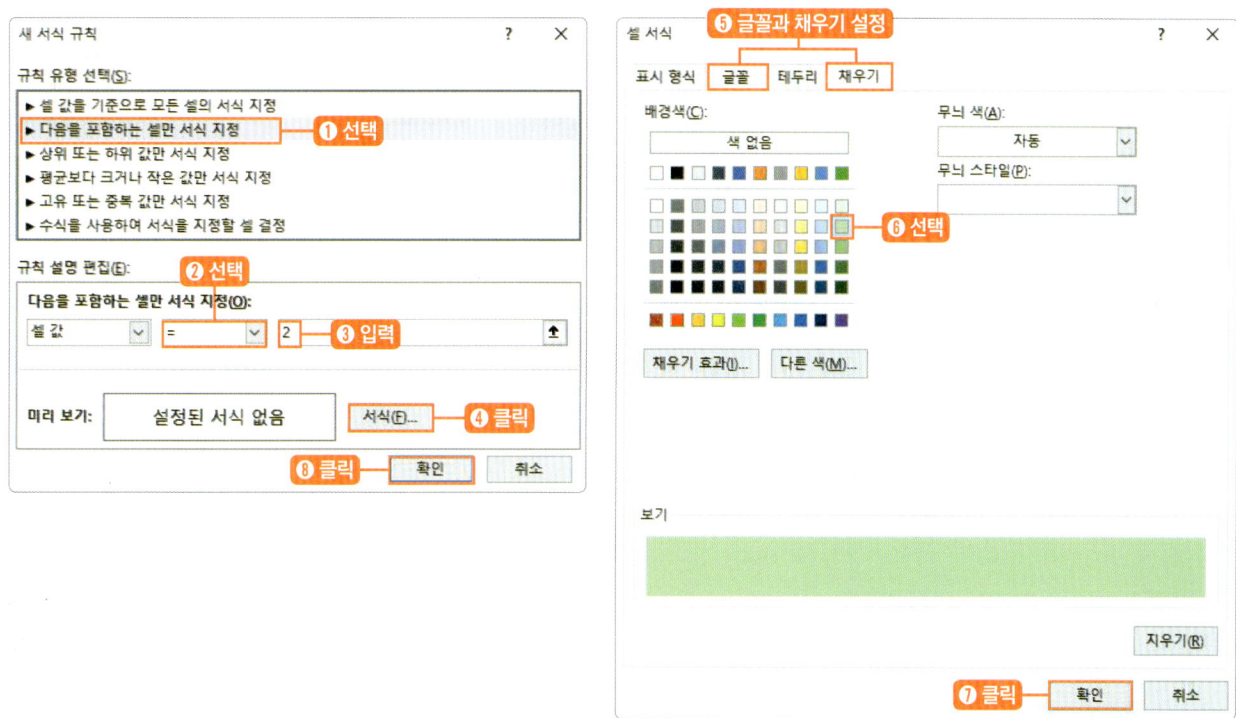

4. <확인> 단추를 한 번 더 누르면 [조건부 서식 규칙 관리자] 대화상자에 규칙이 추가됩니다.

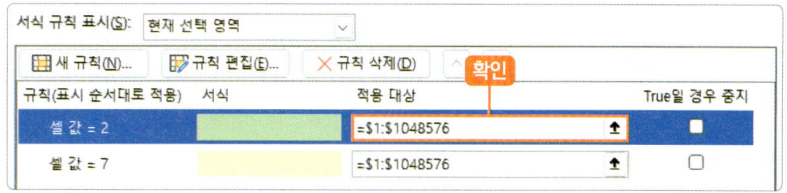

5. 같은 방법으로 아래의 그림과 같이 <새 규칙>을 추가합니다.

- **글꼴 색과 채우기 색** : '테마 색-검정, 텍스트 1'

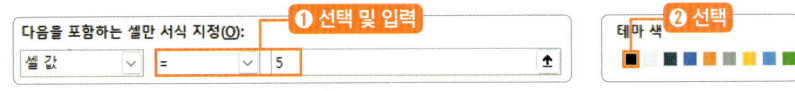

- **글꼴 색과 채우기 색** : '표준 색-진한 빨강'

03 사용자 지정 색 사용하기

1. [조건부 서식 규칙 관리자] 대화상자에서 <새 규칙> 단추를 클릭합니다. 이어서, [다음을 포함하는 셀만 서식 지정]을 선택한 후, [규칙 설명 편집]을 아래의 그림과 같이 지정한 다음 <서식> 단추를 클릭하고 [글꼴] 탭-[색]-'다른 색'을 클릭합니다.

2. [색] 대화상자가 나오면 [사용자 지정] 탭을 클릭하고 [빨강]은 '0', [녹색]은 '153', [파랑]은 '0'을 입력한 다음 <확인> 단추를 클릭합니다.
   ※ 색상 값은 0부터 255까지 입력할 수 있습니다.

3. [채우기] 탭-[배경색]에서 <다른 색> 단추를 클릭합니다.

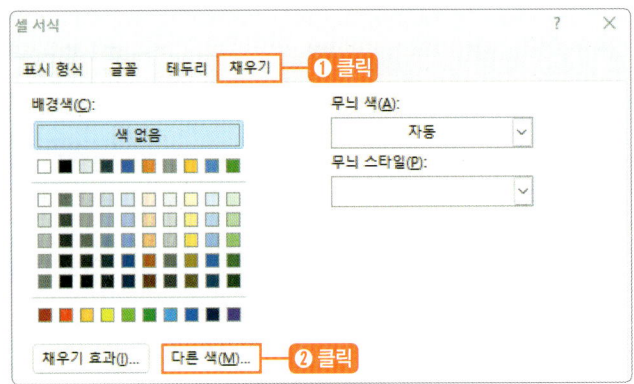

4. [색] 대화상자가 나오면 [사용자 지정] 탭을 클릭하고 [빨강]은 '0', [녹색]은 '153', [파랑]은 '0'을 입력한 다음 <확인> 단추를 클릭합니다.

5. [조건부 서식 규칙 관리자] 대화상자에서 <새 규칙>을 추가합니다. 이어서, 아래 화면과 같이 조건과 서식을 적용합니다.
   - **조건** : '셀 값 = 6'
     글꼴 색과 채우기 색 : '사용자 지정-빨강(255), 녹색(124), 파랑(128)'

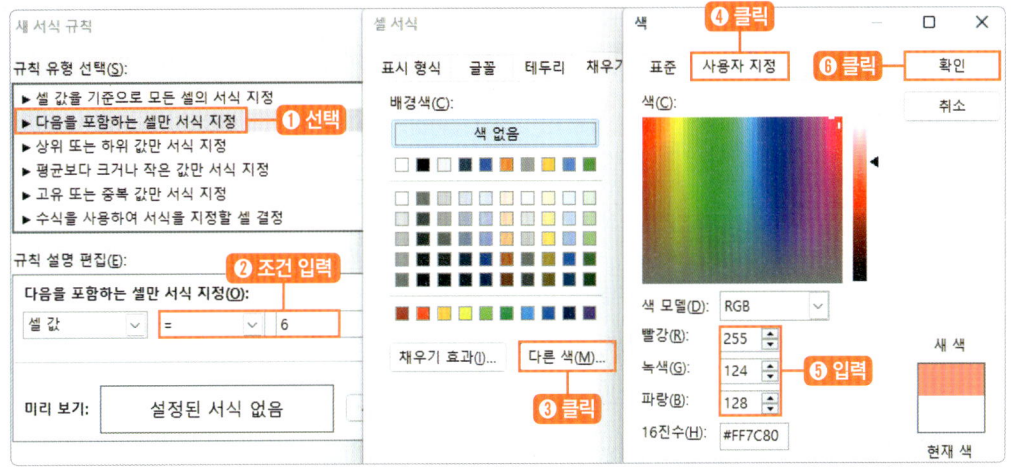

   - **조건** : '셀 값 = 4'
     글꼴 색과 채우기 색 : '사용자 지정-빨강(254), 녹색(74), 파랑(60)'

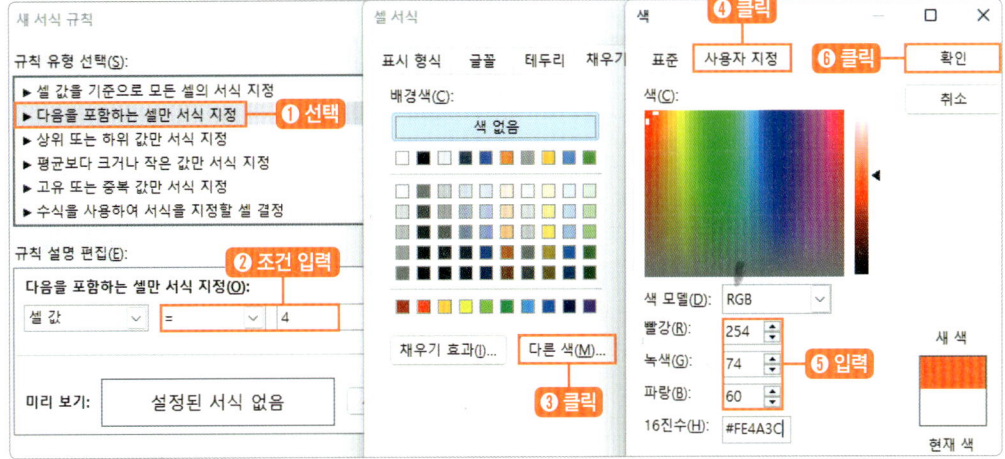

6. 조건부 서식의 결과를 확인한 다음 저장할 폴더를 선택한 후, 파일 이름을 '특수효과(완성)'으로 저장합니다.

CHAPTER 15 미션 수행하기

문제 01 ● 불러올 파일 : 미션수행 01.xlsx   ● 완성된 파일 : 미션수행 01(완성).xlsx

'미션수행 01.xlsx' 파일을 열어 아래 그림을 참고하여 조건부 서식을 지정합니다.

① 셀 값 = 7, 색 – 빨강(255), 녹색(209), 파랑(163)
② 셀 값 = 6, 색 – 빨강(15), 녹색(178), 파랑(209)
③ 셀 값 = 5, 색 – 빨강(9), 녹색(95), 파랑(125)
④ 셀 값 = 4, 색 – 빨강(252), 녹색(195), 파랑(32)
⑤ 셀 값 = 3, 색 – 빨강(252), 녹색(163), 파랑(2)
⑥ 셀 값 = 2, 색 – 빨강(254), 녹색(113), 파랑(143)
⑦ 셀 값 = 5, 색 – 1, 색 – 빨강(253), 녹색(53), 파랑(92)

CHAPTER 16 광고 기획자 카피라이터

● 불러올 파일 : 카피라이터.xlsx　　● 완성된 파일 : 카피라이터(완성).xlsx

학습목표

- 글자에 배경 그림을 채웁니다.
- 도형을 변경합니다.
- 도형 배경에 그라데이션을 설정합니다.

오늘 배울 기능 : 글자 배경 채우기, 도형 변경, 도형 그라데이션

🔍 완성작품 미리보기

스토리 소개　카피라이터는 특정 상품을 널리 알리기 위해 TV나 잡지, 포스터 등에 사용되는 단어나 문장을 만들어 내는 사람을 말합니다. 오늘은 나를 알릴 수 있는 홍보 포스터를 만들기 위해 글자에 배경 그림을 넣을 수 있는 기능을 알아보겠습니다.

01 글자에 배경 그림 넣기

1. [Excel 2021]을 실행한 다음 [불러올 파일]-[CHAPTER 16]-'카피라이터.xlsx' 파일을 불러옵니다.

2. '컴아소' 글자를 더블 클릭하여 '자기 이름'으로 수정하고 [홈] 탭-[글꼴] 그룹에서 글꼴을 변경합니다.
   - **글꼴** : '휴먼옛체'

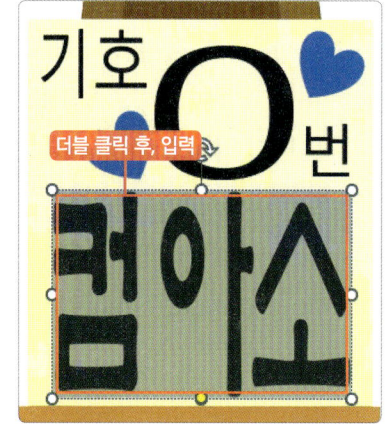

3. 수정된 이름에서 마우스 오른쪽 단추를 눌러 [도형 서식]을 클릭합니다.

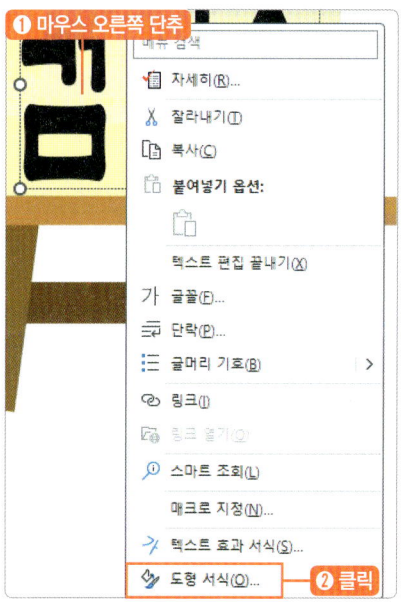

4. [도형 서식] 작업 창이 나오면 [텍스트 옵션]-[텍스트 채우기 및 윤곽선(A)]-[텍스트 채우기]-[그림 또는 질감 채우기]-<삽입> 단추를 클릭합니다.

5. [그림 삽입] 대화상자가 나오면 [파일에서]를 클릭합니다. 이어서, [불러올 파일]-[CHAPTER 16]-'01.jpg' 파일을 선택한 후, <삽입> 단추를 클릭합니다.

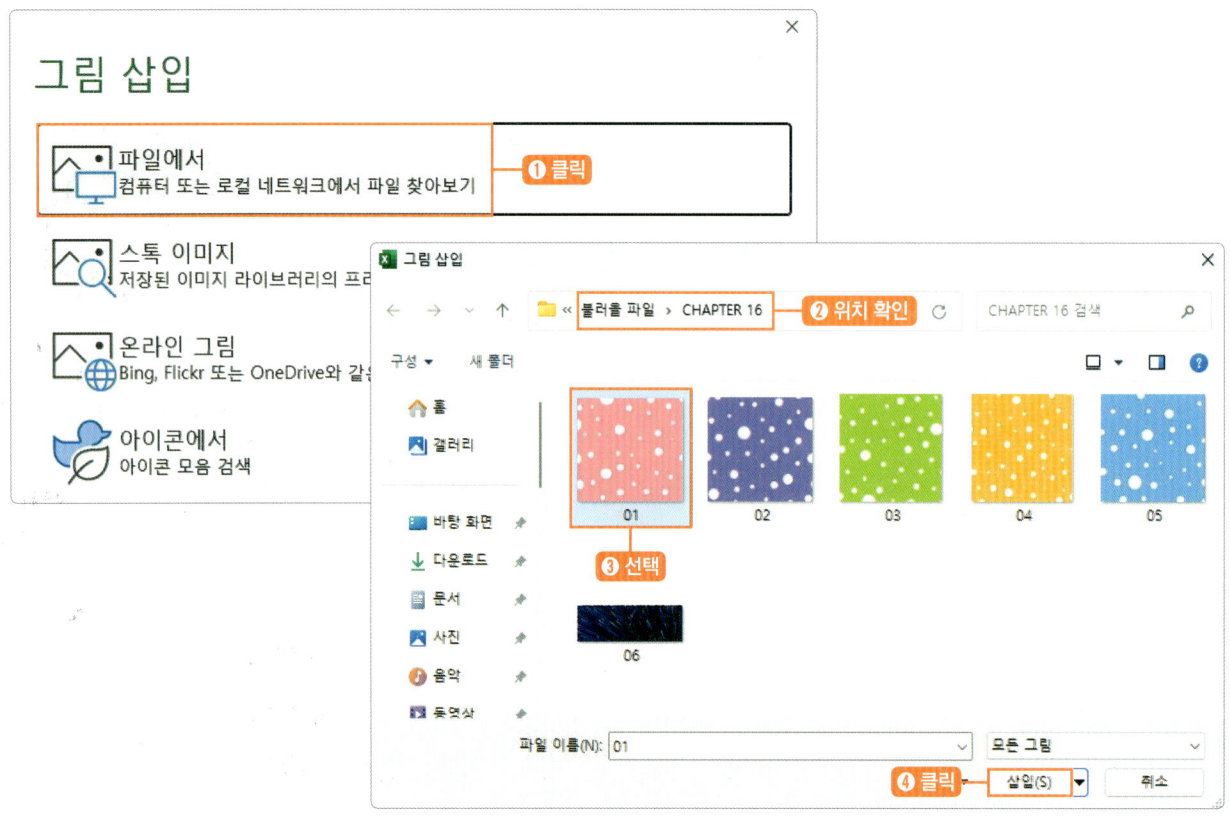

02 도형 변경하고 그라데이션 배경 설정하기

1. 삽입된 하트 도형을 한 개 클릭하고 [도형 서식] 탭-[도형 삽입] 그룹-[도형 편집()]-[도형 모양 변경()]-'별: 꼭짓점 5개'를 클릭합니다.

2. 노란색 조절점을 드래그해서 모양을 변경합니다.

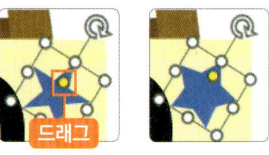

3. [도형 서식] 작업 창에서 [도형 옵션]을 클릭하고 [채우기 및 선()]을 클릭합니다. 이어서, [채우기]-[그라데이션 채우기]-'그라데이션 미리 설정( )'을 클릭하여 '방사형 그라데이션 – 강조 2'를 선택합니다.

4. [그라데이션 중지점]에서 첫 번째 중지점( )을 클릭하고 색( )을 눌러 '표준 색– 빨강'을 선택합니다.

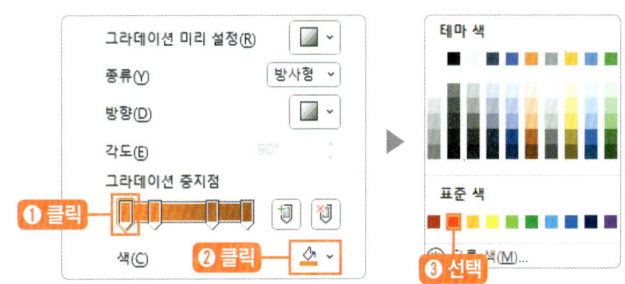

5. 두 번째 중지점, 세 번째 중지점, 네 번째 중지점을 각각 클릭하여 색을 변경합니다.
   - 표준 색(노랑, 녹색, 자주)

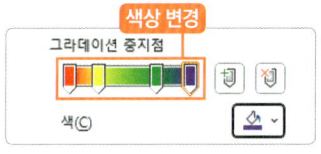

TIP
중지점을 추가( )하거나 삭제( )할 수 있으며 드래그하여 위치를 조절할 수 있습니다.

6. [선]-[실선]을 클릭하여 [색], [너비]를 설정합니다.
   - 선 색(표준 색-자주)

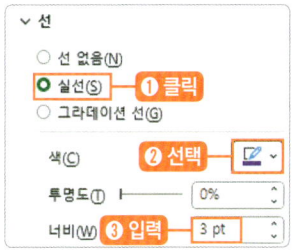

7. 다른 글자들과 도형의 서식을 설정하고 저장할 폴더를 선택한 다음 파일 이름을 '카피라이터(완성)'으로 저장합니다.

CHAPTER 16 미션 수행하기

문제 01 ● 불러올 파일 : 미션수행 01.xlsx ● 완성된 파일 : 미션수행 01(완성).xlsx

'미션수행 01.xlsx' 파일을 열어 아래 포스터에 삽입된 글자와 도형의 서식을 설정해 봅니다.

① 글꼴을 변경합니다.
② **스마트폰 중독에 갇힌 나!** : '텍스트 채우기 – 그림 또는 질감 채우기'
③ **도형** : '패턴 채우기(전경색-황금색, 강조 4 / 배경색-진한빨강)'
④ **보이지 않는 감옥에서 탈출하자!** : '텍스트 채우기 – 그라데이션 채우기, 단색 채우기, 실선'

CHAPTER 17 보드게임 개발자의 디자인 세상

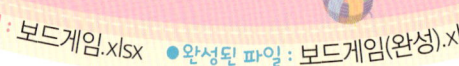
● 불러올 파일 : 보드게임.xlsx   ● 완성된 파일 : 보드게임(완성).xlsx

- 셀을 그림으로 복사합니다.
- 복사한 셀을 그림으로 붙여넣기 합니다.
- 그림을 회전합니다.

오늘 배울 기능 : 그림으로 복사, 그림으로 붙여넣기, 그림 회전

완성작품 미리보기

스토리 소개   보드게임은 게임판을 두고 특정한 카드와 주사위, 블록 등의 도구를 가지고 하는 놀이입니다. 오늘은 사각형으로 그려진 퍼즐을 그림으로 저장하는 기능을 익힌 후, 도안에 맞게 이동하여 퍼즐을 완성해 보겠습니다.

01 그림으로 복사하기

1. [Excel 2021]을 실행한 다음 [불러올 파일]-[CHAPTER 17]-'보드게임.xlsx' 파일을 불러옵니다.

2. [보기] 탭-[표시] 그룹-'눈금선'을 해제합니다.

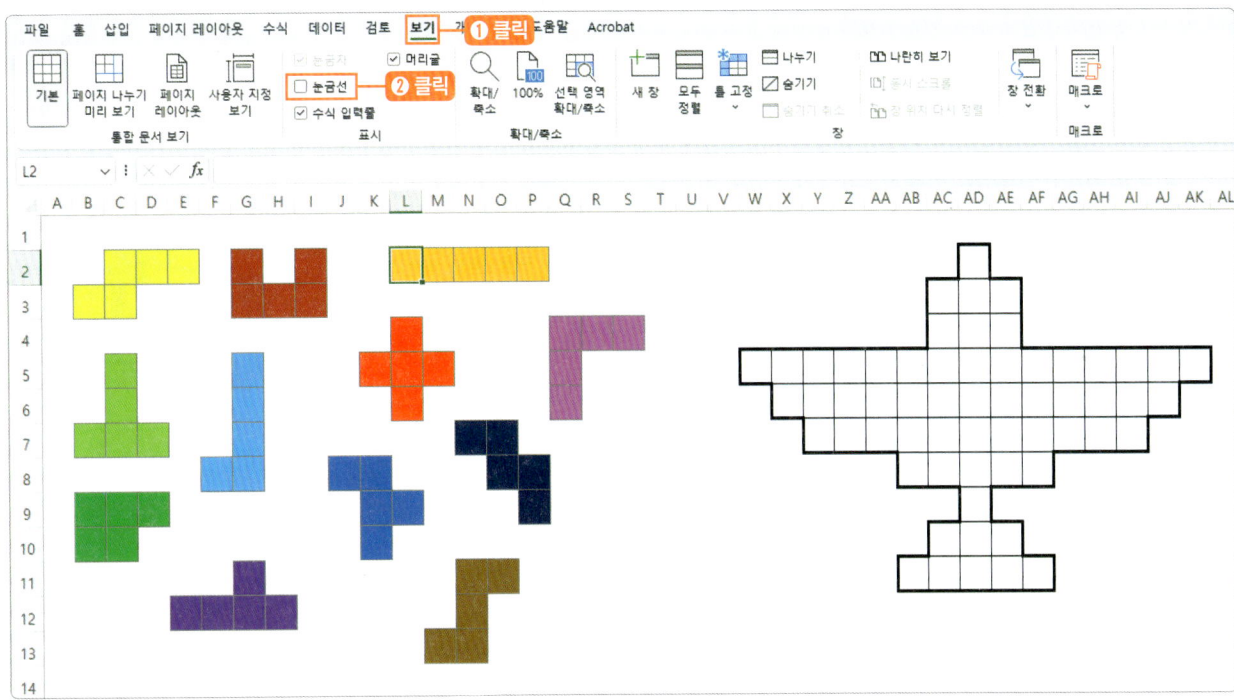

3. [B2] 셀부터 [E3] 셀까지 드래그해서 [홈] 탭-[클립보드] 그룹-[복사] 옆의 목록 단추(⌄)-'그림으로 복사'를 클릭합니다. 이어서, 모양은 '화면에 표시된 대로'를 선택하고 형식은 '그림'을 선택한 다음 <확인> 단추를 클릭합니다.

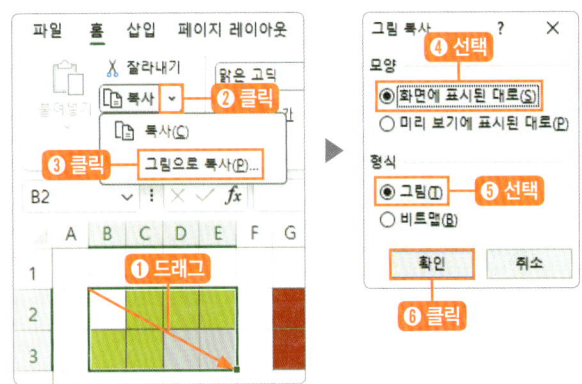

4. [홈] 탭-[클립보드] 그룹-'붙여넣기( )'를 클릭합니다.
   ※ 복사한 자리에 그대로 붙여넣기 됩니다.

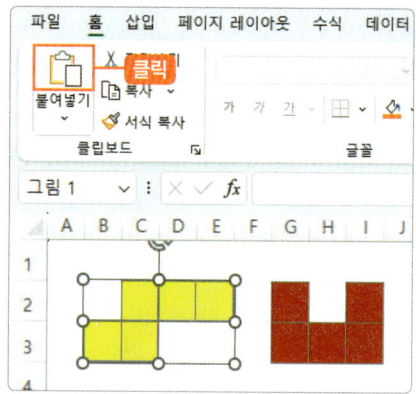

5. 붙여넣기 한 그림을 오른쪽 임의의 빈 셀 쪽으로 드래그해서 이동합니다.

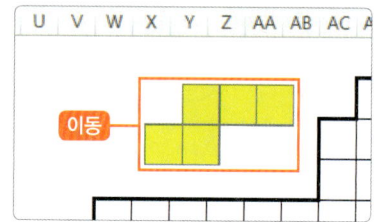

02 그림으로 붙여넣기

1. [B5] 셀부터 [D7] 셀까지 드래그해서 [홈] 탭-[클립보드] 그룹-'복사( )'를 클릭합니다.

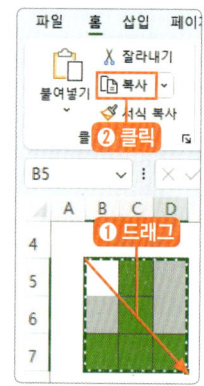

2. [홈] 탭-[클립보드] 그룹 -'붙여넣기' 옵션 단추( )를 클릭하고 [기타 붙여 넣기 옵션]에서 '그림( )'을 선택합니다.
   ※ 복사한 자리에 그대로 붙여넣기 되고 테두리에 점선이 생깁니다.

3. 붙여넣기 한 그림을 오른쪽 임의의 빈 셀 쪽으로 드래그해서 이동합니다.

4. 채우기가 되어 있는 다른 셀들도 각각 드래그해서 그림으로 붙여넣기 합니다. 이어서, 붙여넣기 한 그림을 임의의 위치에 드래그해서 놓습니다

03 그림 회전하기

1. 같은 방법으로 나머지 슬라이드에 그림을 삽입합니다.
   ※ 키보드의 ↑, ↓, ←, → 키를 사용하여 위치를 조절할 수 있습니다.

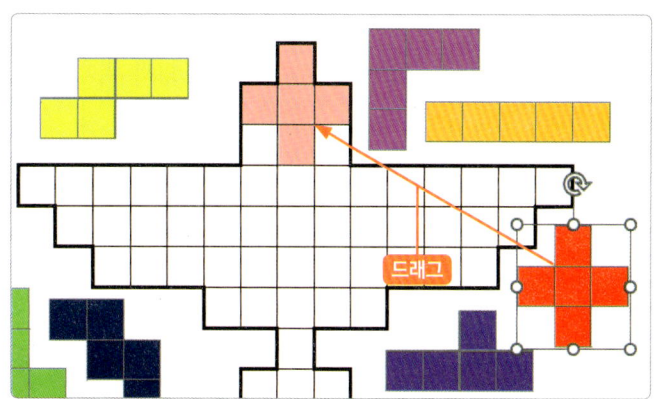

2. 아래 그림과 같은 도형을 클릭하고 [그림 서식] 탭-[정렬] 그룹-[회전( )]-'상하 대칭( )', '좌우 대칭( )'을 차례대로 누릅니다.

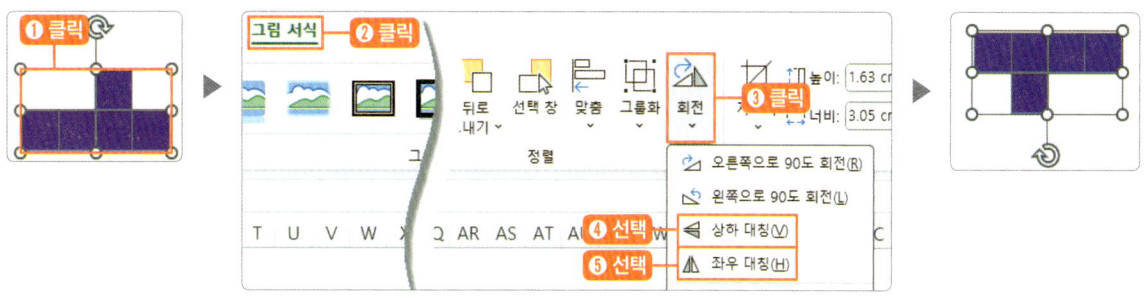

3. 다음 그림과 같은 위치에 드래그해서 위치를 조절합니다.
   ※ 위치가 정확하게 딱 맞지 않아도 됩니다.

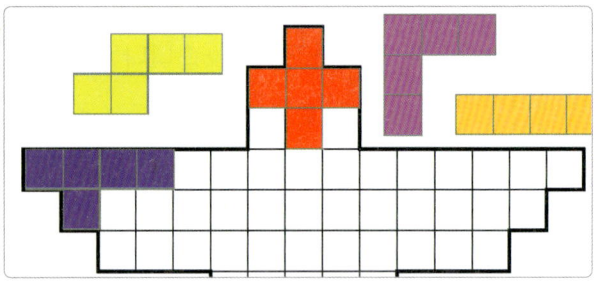

4. 아래 그림과 같은 도형을 클릭하고 [그림 서식] 탭-[정렬] 그룹-[회전( )]-'왼쪽으로 90도 회전( )'을 선택합니다.

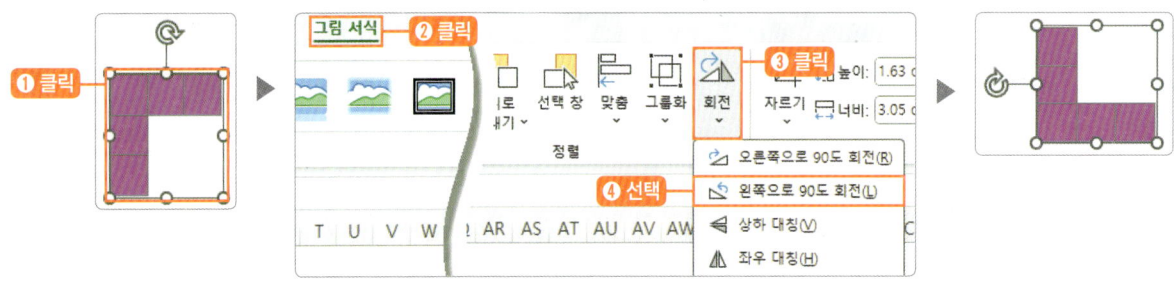

5. 다음 그림과 같은 위치에 드래그해서 놓습니다.

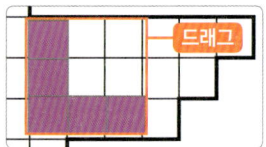

6. 나머지 그림들도 회전하거나 드래그해서 위치를 조절하여 완성하고 저장할 폴더를 선택한 후, 파일 이름을 '보드게임(완성)'으로 저장합니다.

CHAPTER 17 미션 수행하기

> **문제 01**   ●불러올 파일 : 미션수행 01.xlsx   ●완성된 파일 : 미션수행 01(완성).xlsx

'미션수행 01.xlsx' 파일을 열어 아래 그림을 참고하여 완성해 봅니다.

① 복사 → 그림으로 붙여넣기

CHAPTER 18 안전을 책임지는 안전 전문가

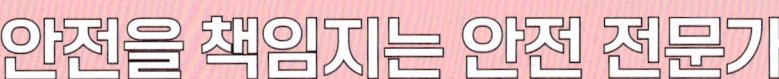

● 불러올 파일 : 안전 퀴즈.xlsx ● 완성된 파일 : 안전 퀴즈(완성).xlsx

학습목표

- 시트 배경을 삽입합니다.
- 하이퍼링크를 설정합니다.
- 도형을 삽입하고 하이퍼링크를 설정합니다.

오늘 배울 기능 : 시트 배경 삽입, 하이퍼링크 설정

완성작품 미리보기

스토리 소개 우리 주변에서 일어날 수 있는 위험한 상황을 예방하는 방법을 배워 사고와 부상의 위험으로부터 안전하게 지낼 수 있도록 대비해야 합니다. 오늘은 안전한 생활을 위해 안전 퀴즈를 만들고 정답 화면 또는 오답 화면으로 이동하는 버튼을 만들어 보겠습니다.

01 시트 배경 삽입하기

1. [Excel 2021]을 실행한 다음 [불러올 파일]-[CHAPTER 18]-'안전 퀴즈.xlsx' 파일을 불러옵니다.

2. [Sheet2] 시트 탭을 클릭하고 [페이지 레이아웃]탭-[페이지 설정] 그룹-'배경(🖼)'을 클릭합니다.

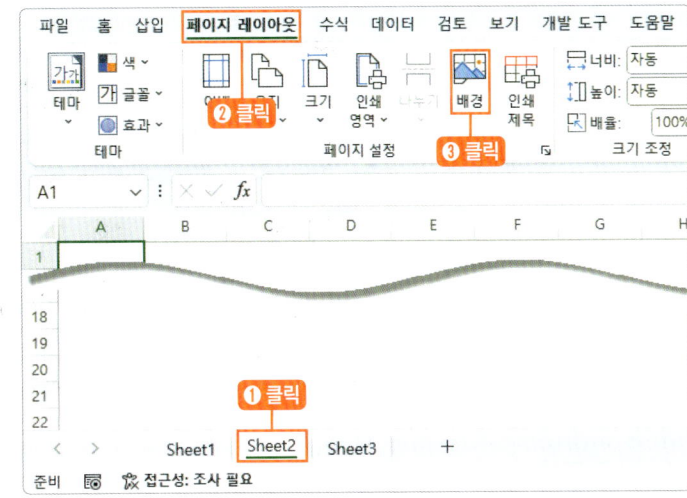

3. [그림 삽입]이 나오면 [파일에서]-'찾아보기'를 클릭합니다. 이어서, [시트 배경] 대화상자가 나오면 [불러올 파일]-[CHAPTER 18]-'O.jpg' 파일을 선택한 후, <삽입> 단추를 클릭합니다.

4. 같은 방법으로 [Sheet3] 시트 탭을 클릭하고 [페이지 레이아웃] 탭-[페이지 설정] 그룹-'배경(🖼)'을 클릭합니다. 이어서, 배경 그림 'X.jpg'를 불러옵니다.
   - **배경 그림 위치** : [불러올 파일]-[CHAPTER 18]-'X.jpg'

5. 아래와 같이 각 시트에 배경이 들어간 것을 확인할 수 있습니다.
   - **배경 삭제** : [페이지 레이아웃] 탭-[페이지 설정] 그룹-'배경 삭제'

02 삽입된 도형에 하이퍼링크 설정하기

1. [Sheet1] 시트 탭을 클릭하고 '파란색' 도형에서 마우스 오른쪽 단추를 눌러 [링크]를 선택합니다.

2. [하이퍼링크 삽입] 대화상자가 나오면 [현재 문서]를 클릭한 다음 'Sheet3'을 선택하고 <확인> 단추를 클릭합니다.

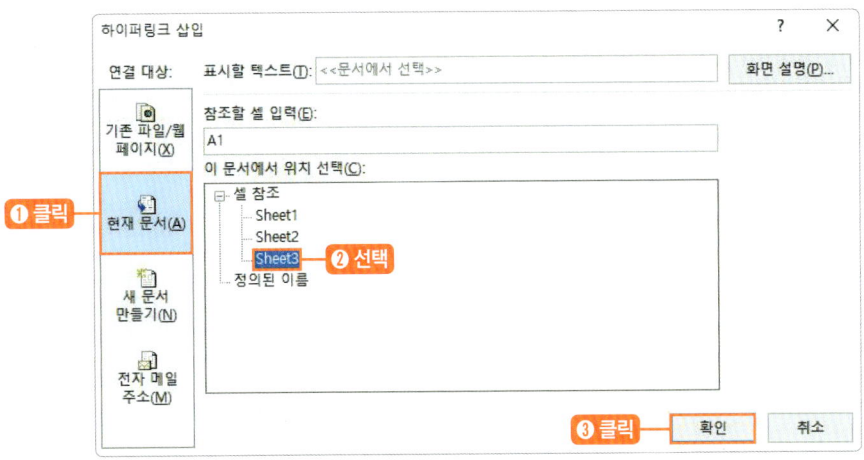

3. Esc 키를 눌러 도형 선택을 해제합니다. 이어서, 마우스 포인터를 '파란색' 도형 위에 두면 마우스 포인터의 모양이 변경되고 클릭하면 [Sheet3] 시트로 이동합니다.

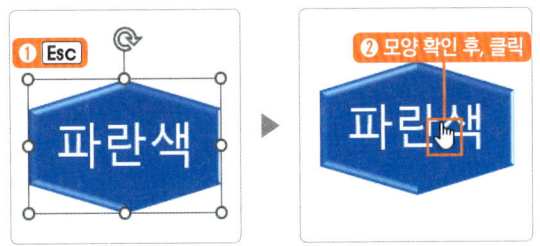

4. [Sheet1] 시트에 삽입된 '노란색' 도형에서 마우스 오른쪽 단추를 눌러 [링크]를 선택합니다. 이어서, [현재 문서]-'Sheet2'를 선택한 다음 <확인> 단추를 클릭합니다.

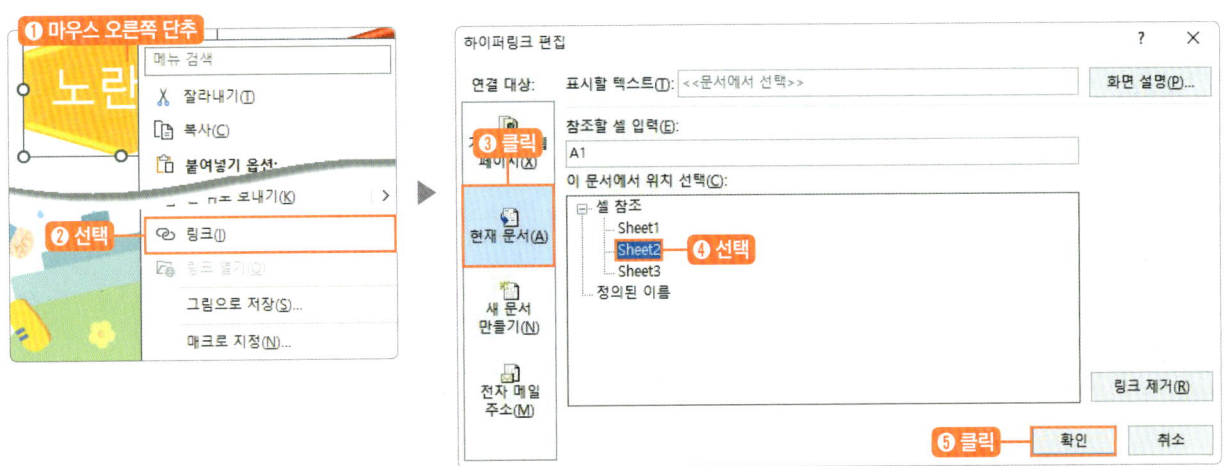

03 도형을 삽입하고 하이퍼링크 설정하기

1. [Sheet2] 시트를 클릭하고 [삽입] 탭-[일러스트레이션] 그룹-[도형( )]-'왼쪽 화살표'를 선택한 다음 드래그해서 임의의 셀 위치에 삽입합니다.

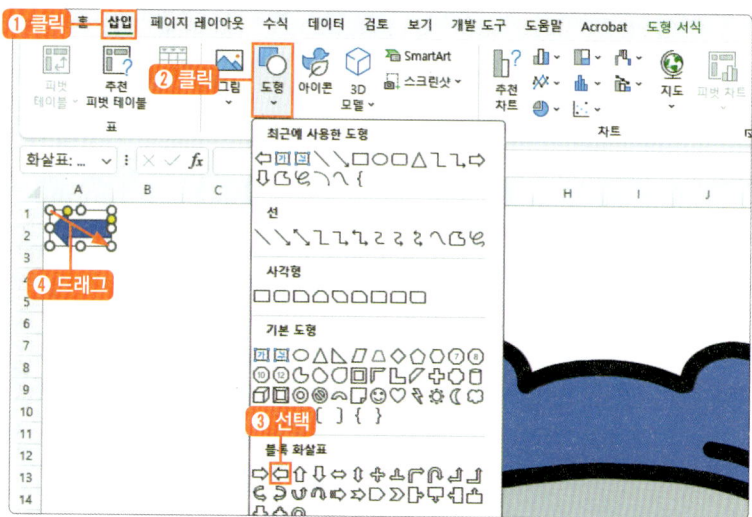

2. 삽입한 도형에서 마우스 오른쪽 단추를 눌러 [링크]를 선택합니다.

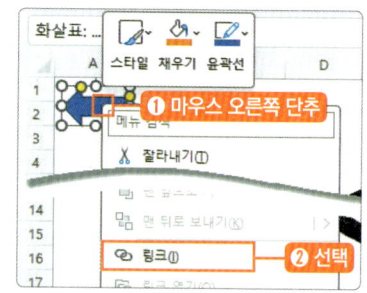

3. [하이퍼링크 삽입] 대화상자가 나오면 [현재 문서]-'Sheet1'을 선택한 다음 <확인> 단추를 클릭합니다.

TIP
링크 설정한 도형을 다시 선택할 때는 Ctrl 키를 누른 상태에서 마우스를 클릭하면 됩니다. 또한, 링크를 변경 또는 삭제할 수 있습니다.

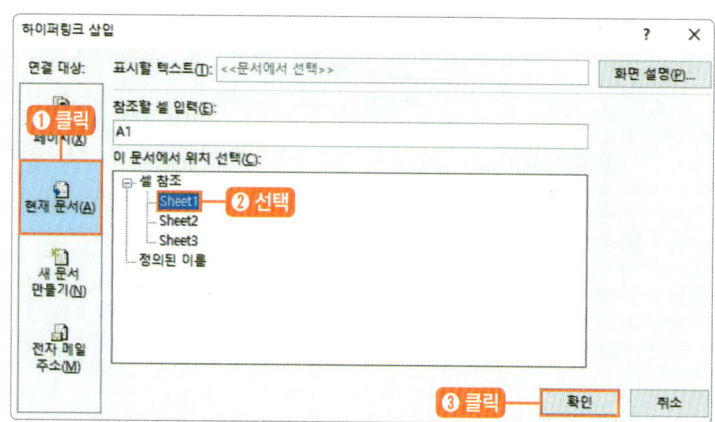

4. 같은 방법으로 [Sheet3] 시트에 도형을 삽입하여 [Sheet1] 시트로 링크 연결합니다. 이어서, [Sheet1]에 삽입된 '빨간색', '보라색' 버튼 도형을 [Sheet3] 시트로 링크 연결합니다.

5. 저장할 폴더를 선택한 후, 파일 이름을 '안전 퀴즈(완성)'으로 저장합니다.

CHAPTER 18 미션 수행하기

문제 01 ● 불러올 파일 : 미션수행 01.xlsx   ● 완성된 파일 : 미션수행 01(완성).xlsx

'미션수행 01.xlsx' 파일을 열어 아래 그림을 참고하여 완성해 봅니다.

① [O] 시트의 'O' 도형을 [도형 서식] 탭-'도형 스타일' 변경합니다.
② [X] 시트의 'X' 도형을 [도형 서식] 탭-'도형 스타일' 변경합니다.
③ [O] 시트의 'O' 도형을 [퀴즈] 시트로 링크 연결합니다.
④ [X] 시트의 'X' 도형을 [퀴즈] 시트로 링크 연결합니다.

영양 학자들이 뽑은 색채 식품

CHAPTER 19

● 불러올 파일 : 색채 식품.xlsx   ● 완성된 파일 : 색채 식품(완성).xlsx

- 삽입한 그림의 배경을 투명하게 합니다.
- 틀 고정 기능을 익힙니다.

오늘 배울 기능 : 그림 배경 투명색 설정, 틀 고정

완성작품 미리보기

 **스토리 소개** 어린이들의 올바른 성장과 발달을 위해 충분한 영양소를 섭취할 수 있도록 건강한 식단이 중요한 역할을 합니다. 오늘은 우리 몸을 건강하게 해주는 과일과 채소들을 구분하여 정리할 수 있는 기능을 익히겠습니다.

01 그림 삽입하기

1. [Excel 2021]을 실행한 다음 [불러올 파일]-[CHAPTER 19]-'색채 식품.xlsx' 파일을 불러옵니다.

2. [B6] 셀을 클릭하고 [삽입] 탭-[일러스트레이션] 그룹-[그림(🏞)]-'이디바이스…'를 선택합니다.

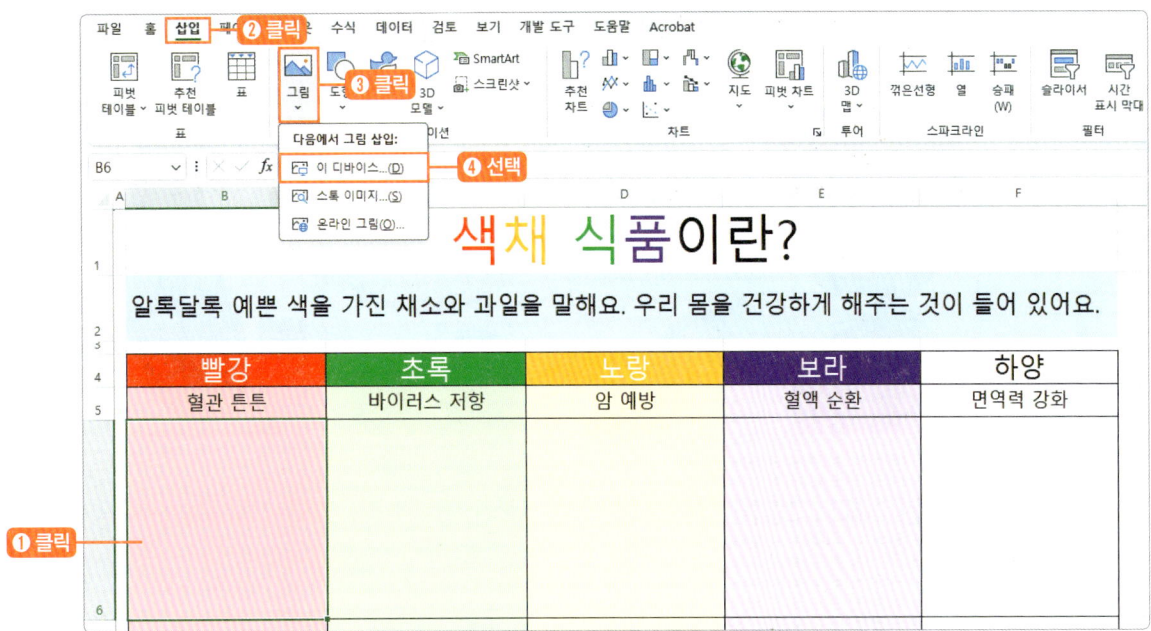

3. [그림 삽입] 대화상자가 나오면 [불러올 파일]-[CHAPTER 19]-'가지, 바나나, 사과, 양파, 키위' 파일을 모두 드래그해서 선택하고 <삽입> 단추를 클릭합니다.

02 그림 배경 투명하게 설정하기

1. 삽입한 그림을 아래 순서에 맞게 이동하여 배치합니다.
   - [B6] 셀 : 사과, [C6] 셀 : 키위, [D6] 셀 : 바나나, [E6] 셀 : 가지, [F6] 셀 : 양파

2. [B6] 셀에 삽입된 '사과' 그림을 클릭하고 [그림 서식] 탭-[조정] 그룹-[색( )]-'투명한 색 설정( )'을 선택합니다.

3. 마우스 포인터가 ✎ 모양으로 변경되면 흰색 바탕 부분을 클릭하여 투명하게 만들고 그림 크기와 위치를 조절합니다.

4. 같은 방법으로 [C6] 셀부터 [F6] 셀까지 삽입된 그림의 배경을 투명하게 만들고 그림 크기와 위치를 조절하여 완성합니다.

03 틀 고정 기능 사용하기

1. [B6] 셀을 클릭하고 [보기] 탭-[창] 그룹-[틀 고정(🪟)]-'틀 고정'을 선택합니다.

2. 키보드의 ↓ 키를 누르면 1행부터 5행까지 고정되고 아래에 있는 행들이 위로 올라오면서 보입니다.

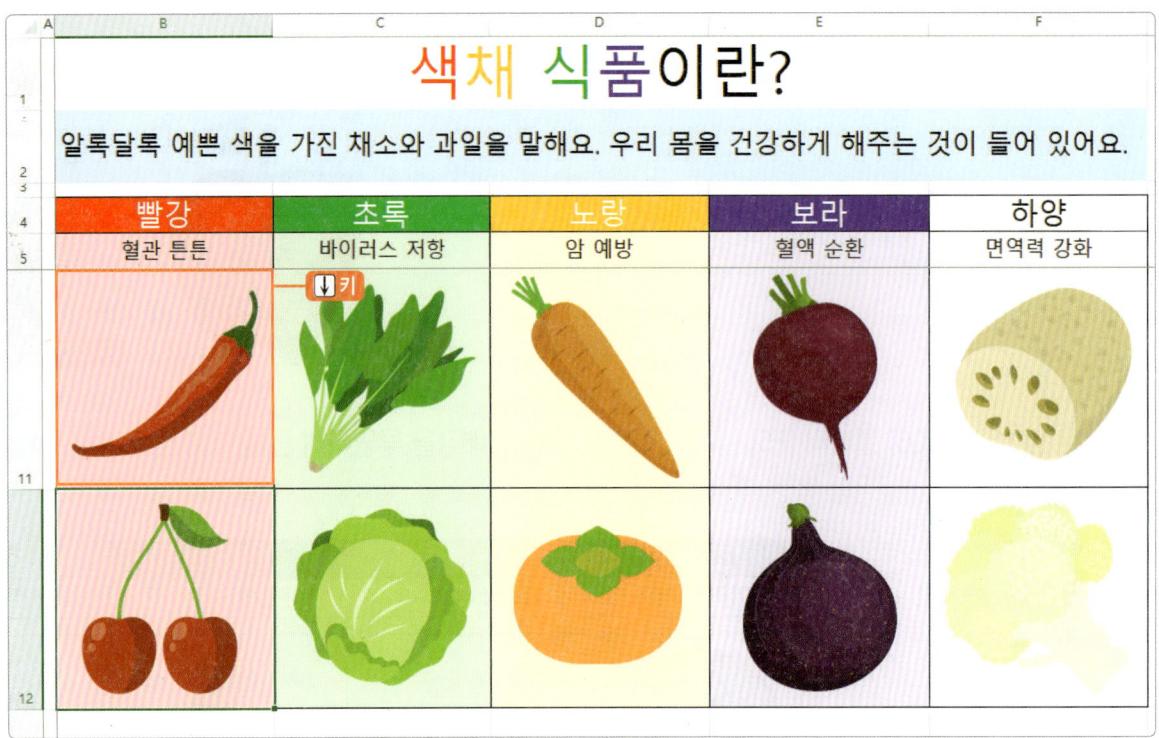

3. 저장할 폴더를 선택한 후, 파일 이름을 '색채 식품(완성)'으로 저장합니다.

CHAPTER 19 미션 수행하기

문제 01 ● 불러올 파일 : 미션수행 01.xlsx ● 완성된 파일 : 미션수행 01(완성).xlsx

'미션수행 01.xlsx' 파일을 열어 아래 그림을 참고하여 완성해 봅니다.

① 삽입된 그림의 배경을 투명하게 설정합니다.
② [B3] 셀에 틀 고정을 합니다.

	B	C	D	E
1	몸에 좋은 제철 음식			
2	봄	여름	가을	겨울
13	미더덕	수박	꼬막	딸기
14	바지락	옥수수	꽁치	명태
15	소라	자두	전복	무
16	쑥	장어	대하	바지락
17	씀바귀	전복	도미	한라봉
18	우엉	참나물	무	사과
19	장어	참다랑어	배	삼치
20	쭈꾸미	참외	배추	석류
21	참다랑어	토마토	블루베리	아귀

동물학자의 동물도감

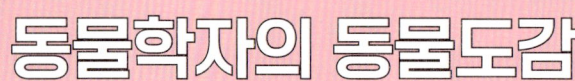

● 불러올 파일 : 척추동물.xlsx   ● 완성된 파일 : 척추동물(완성).xlsx

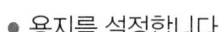

- 용지를 설정합니다.
- 도형 스타일을 설정합니다.
- 스마트 아트를 삽입하고 그림을 적용합니다.

오늘 배울 기능 : 용지 설정, 도형 스타일, 스마트 아트 삽입 및 편집

스토리 소개   우리나라에는 소, 토끼 등과 같은 포유류, 비둘기, 참새 같은 조류, 개구리 같은 양서류, 고등어, 멸치 같은 어류 등 여러 동물이 살고 있습니다. 여러분은 어떤 동물을 좋아하나요? 오늘은 스마트 아트 기능으로 동물도감을 만들어 보겠습니다.

페이지 설정과 도형 스타일 설정하기

1. [Excel 2021]을 실행한 다음 [불러올 파일]-[CHAPTER 20]-'척추동물.xlsx' 파일을 불러옵니다.

2. [페이지 레이아웃] 탭-[페이지 설정] 그룹-[용지 방향(📄)]-'가로'를 선택하면 페이지 구분 점선이 나옵니다.

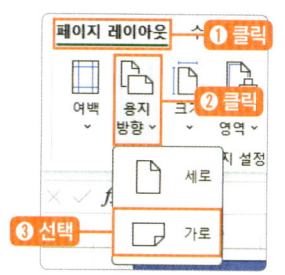

3. 도형을 클릭하고 [홈] 탭-[맞춤] 그룹-'가운데 맞춤'과 '가운데 맞춤'을 각각 누릅니다. 이어서, [글꼴] 그룹에서 원하는 글꼴과 글꼴 크기를 설정합니다.
   - **교재의 사용된 글꼴과 크기** : 'HY헤드라인M', '36pt'

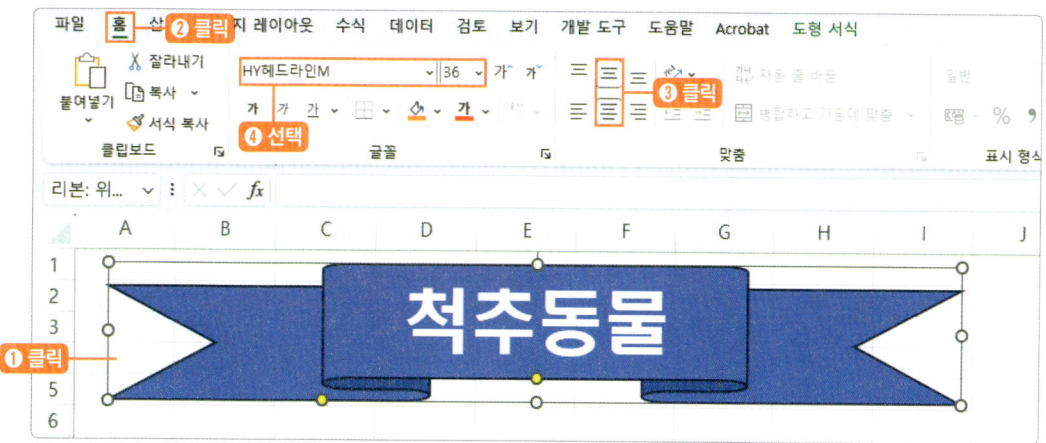

4. [도형 서식] 탭-[도형 스타일] 그룹-[빠른 스타일]-'미세효과 – 주황, 강조 2'를 선택합니다.

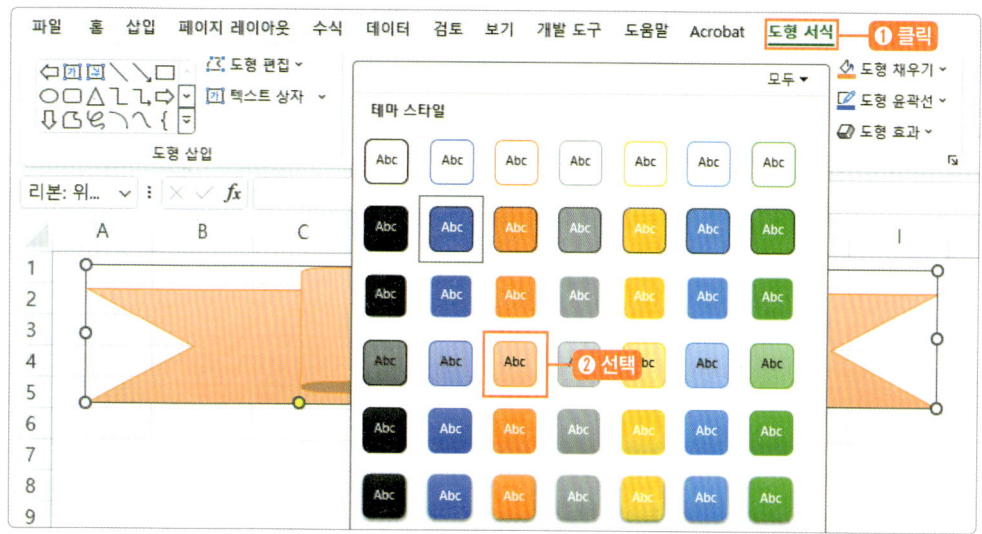

02 스마트 아트 삽입하기

1. [A7] 셀을 클릭하고 [삽입] 탭-[일러스트레이션] 그룹-'SmartArt(스마트 아트)'를 클릭합니다. 이어서, [SmartArt 그래픽 센터] 대화상자가 나오면 [그림]-'그림 설명 벤딩 목록형'을 선택하고 <확인> 단추를 클릭합니다.

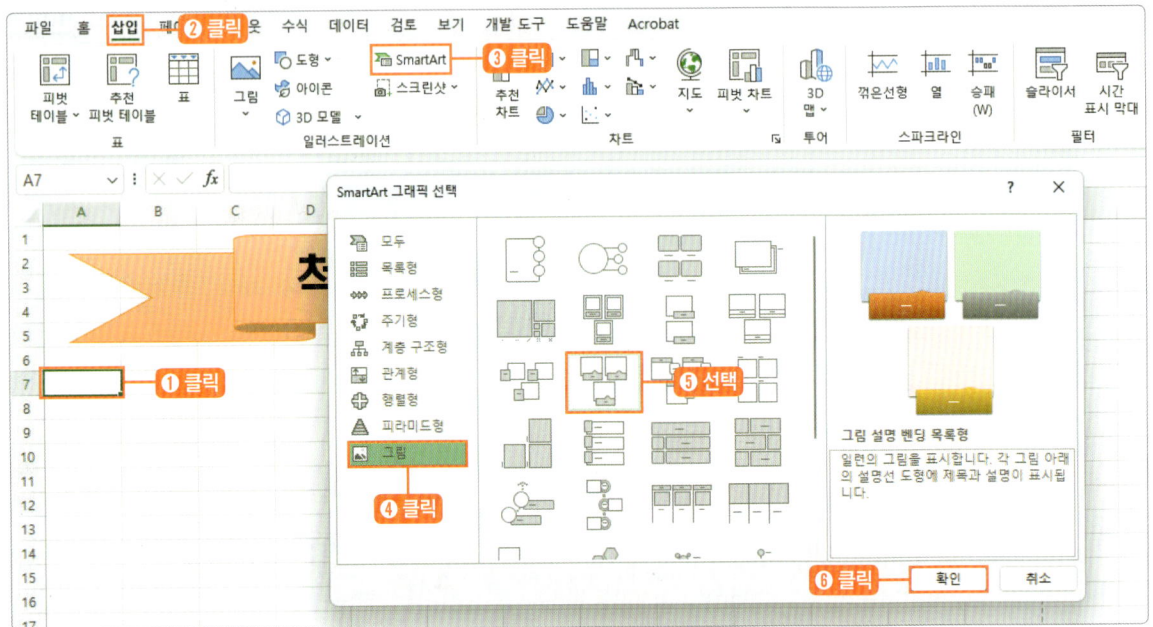

2. [SmartArt 디자인] 탭-[그래픽 만들기] 그룹-'도형 추가( )'를 두 번 클릭합니다.

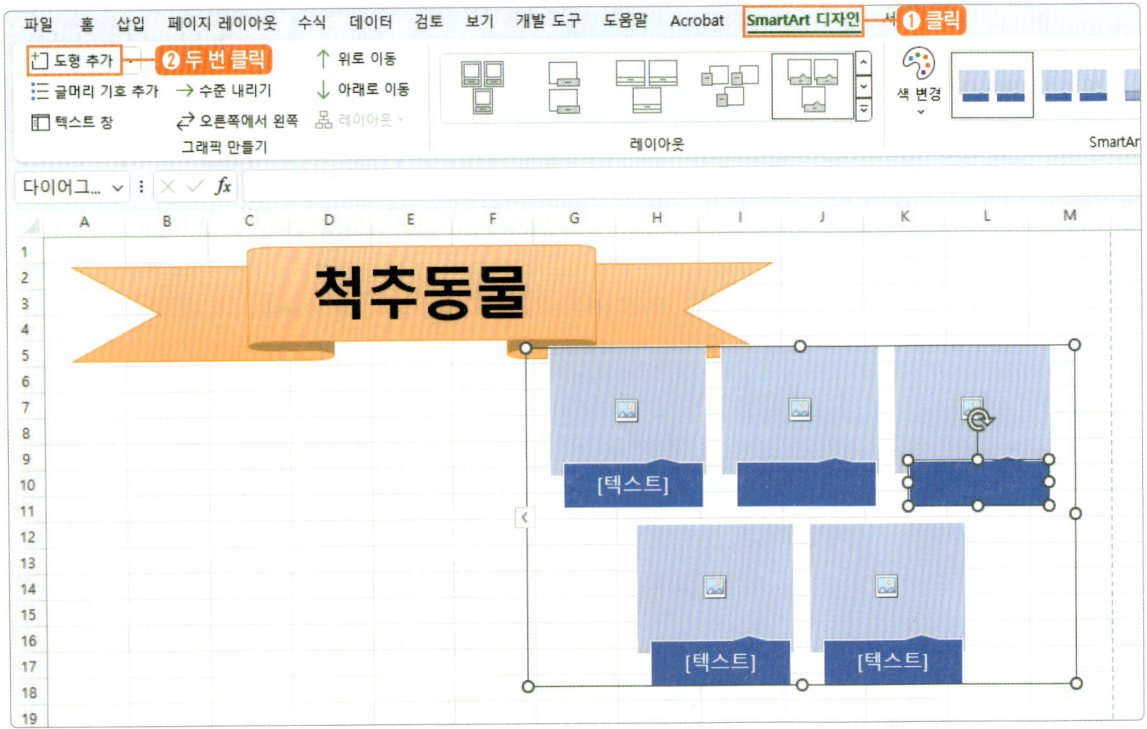

3. 아래와 같이 텍스트를 입력한 다음 [글꼴] 그룹에서 원하는 글꼴과 글꼴 크기를 설정합니다. 이어서, 스마트 아트의 테두리 크기 조절점을 드래그해서 [A7] 셀부터 [K28] 셀까지 크기를 조절합니다.

- **교재의 사용된 글꼴과 크기** : '휴먼매직체', '32pt'

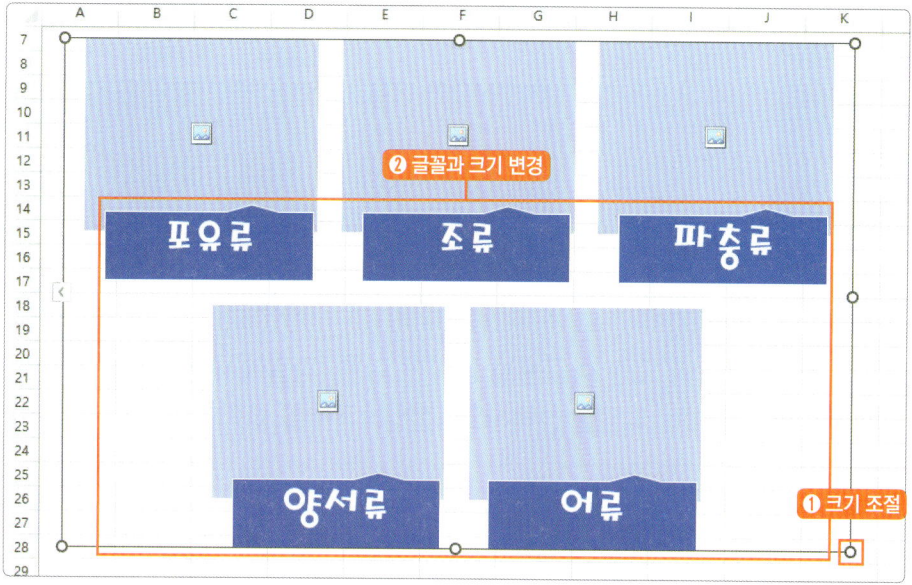

03 디자인 서식 설정하고 그림 삽입하기

1. 삽입된 스마트 아트의 테두리를 클릭하고 [SmartArt 디자인] 탭-[SmartArt 스타일] 그룹-[색 변경( )]- '색상형-강조색'을 선택합니다.

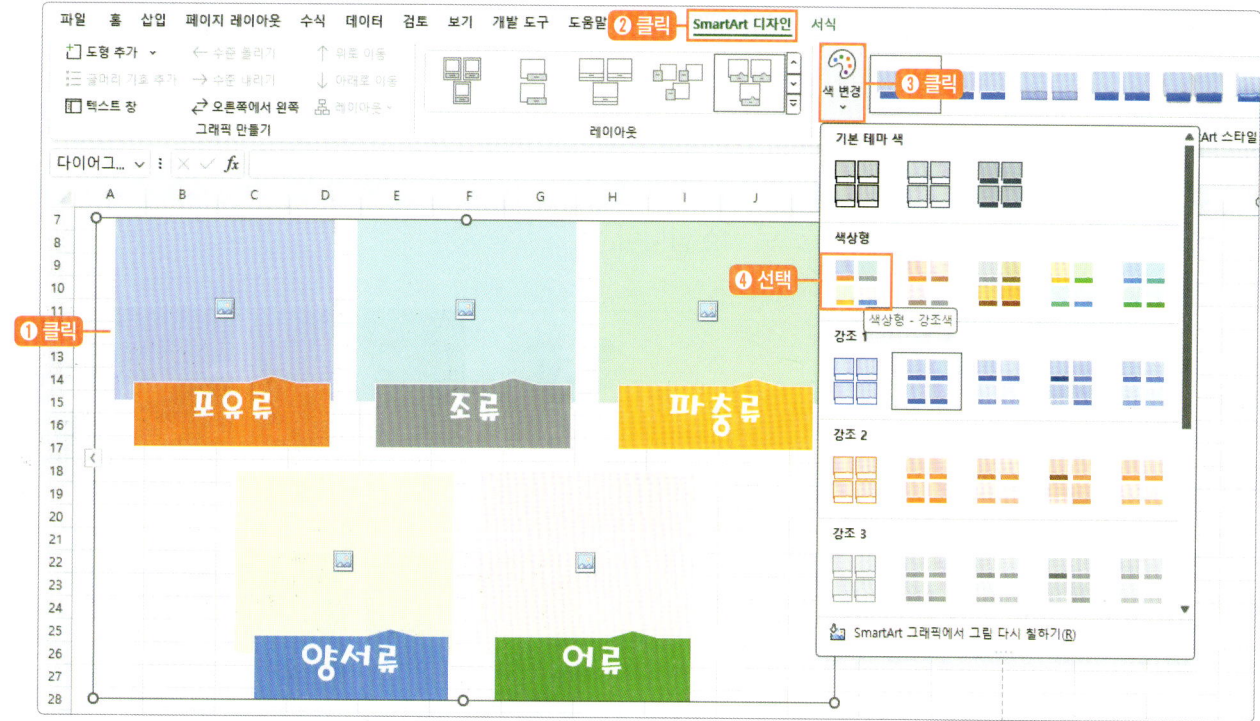

2. [SmartArt 디자인] 탭-[SmartArt 스타일] 그룹-[자세히(▽)]-'3차원-만화'를 선택합니다.

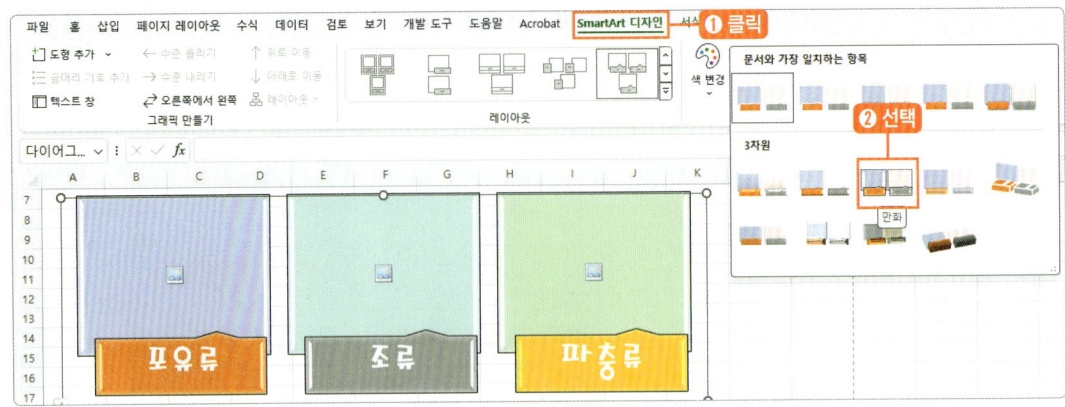

3. 첫 번째 도형의 그림 아이콘을 클릭한 다음 [파일에서]를 클릭합니다. 이어서, [불러올파일]-[CHAPTER 20]-'포유류.jpg' 파일을 선택하고 <삽입> 단추를 클릭합니다.

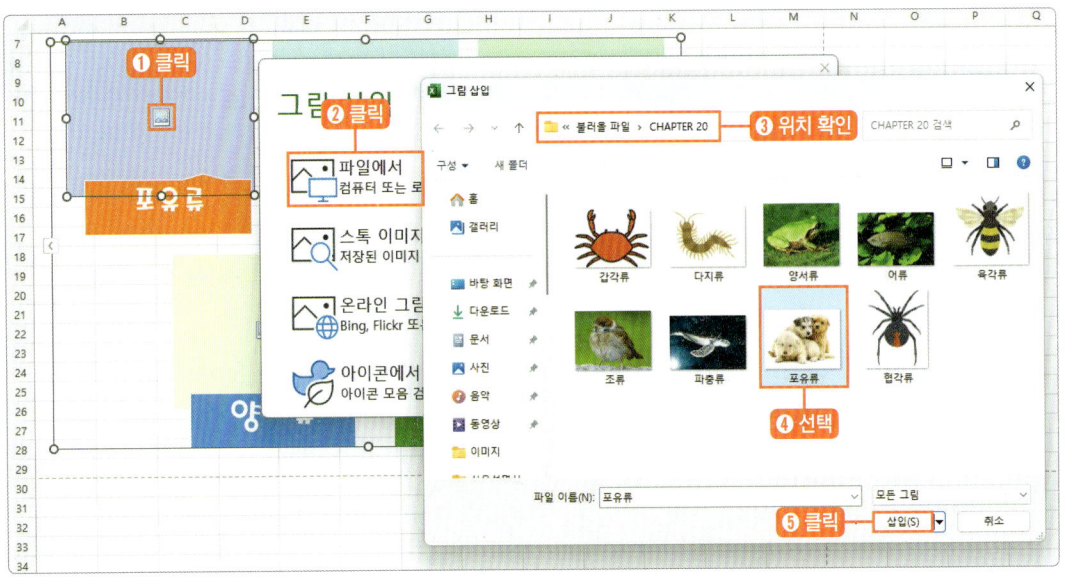

4. 같은 방법으로 '조류', '파충류', '양서류', '어류' 도형에도 그림을 삽입하여 완성한 후, 저장할 폴더를 선택하고 파일 이름을 '척추동물(완성)'으로 저장합니다.

CHAPTER 20 미션 수행하기

문제 01
● 불러올 파일 : 미션수행 01.xlsx   ● 완성된 파일 : 미션수행 01(완성).xlsx

'미션수행 01.xlsx' 파일을 열어 아래 그림을 참고하여 완성해 봅니다.

① 용지 방향을 '가로'로 설정합니다.
② 제목 도형을 클릭하여 도형 스타일을 설정합니다.
③ 제목 도형의 글꼴과 크기를 설정합니다.
④ '육각형 클러스터형' 스마트 아트를 삽입하고 '갑각류', '다지류', '육각류', '협각류'를 입력합니다.
⑤ SmartArt 디자인 : '색상형 범위 – 강조색 4 또는 5, 3차원 벽돌'을 설정합니다.

CHAPTER 21
꽃을 담은 디자이너 플로리스트

● 불러올 파일 : 꽃의 종류.xlsx   ● 완성된 파일 : 꽃의 종류(완성).xlsx

- 데이터를 정렬합니다.
- 표 서식을 설정합니다.
- 원하는 조건대로 필터를 적용합니다.

오늘 배울 기능 : 정렬, 표 서식, 필터

스토리 소개 플로리스트란 꽃, 잎, 나무 같은 식물을 가지고 자신만의 창의력과 표현력으로 특정한 공간에 장식을 설치하고 관리하는 기술을 가진 사람을 의미합니다. 꽃을 바르게 키우고, 예술 감각과 기술을 키워야 합니다. 오늘은 각 계절에 피는 꽃의 종류를 알아보고 분류해 보겠습니다.

01 조건대로 정렬하기

1. [Excel 2021]을 실행한 다음 [불러올 파일]-[CHAPTER 21]-'꽃의 종류.xlsx' 파일을 불러옵니다.

2. [B2] 셀을 클릭하고 [데이터] 탭-[정렬 및 필터]-'정렬(📊)'을 클릭합니다.
   ※ 입력된 모든 내용이 자동으로 선택됩니다.

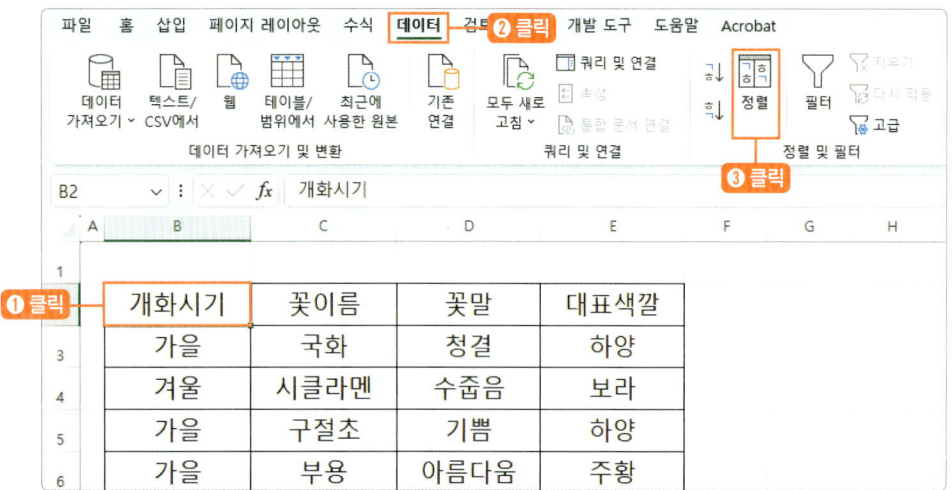

3. [정렬] 대화상자가 나오면 '내 데이터에 머리글 표시'의 체크 상자(☑)가 체크되었는지 확인한 다음 정렬 기준을 '꽃이름'을 선택한 후, <확인> 단추를 클릭합니다.

4. '꽃이름' 기준 오름차순 정렬된 결과를 확인합니다.

5. [B2] 셀을 클릭하고 [데이터] 탭-[정렬 및 필터]-'정렬'을 선택한 다음 정렬 기준을 '개화시기'로 변경합니다. 이어서, [기준 추가] 단추를 클릭하고 다음 기준을 '꽃이름'를 선택한 후, <확인> 단추를 클릭합니다.

6. '개화시기' 기준으로 정렬되며 '개화시기'가 같은 경우 '꽃이름' 기준으로 정렬됩니다.

개화시기	꽃이름	꽃말	대표색깔
가을	구절초	기쁨	하양
가을	국화	청결	하양
가을	백일홍	인연	자주
가을	부용	아름다움	주황
가을	분꽃	수줍음	빨강
가을	샤프란	환희	보라
가을	용담	정의	보라
가을	코스모스	순정	분홍
겨울	게발선인장	사랑	빨강
겨울	군자란	고귀	주황
겨울	동백꽃	사랑	빨강

정렬이란?

- 오름차순 : 입력 내용이 문자인 경우 '가나다' 순서로 정렬을 합니다. 숫자인 경우는 작은 숫자에서 큰 숫자 순서로 정렬을 합니다.
- 내림차순 : 입력 내용이 문자인 경우 '다나가' 순서로 정렬을 합니다. 숫자는 큰 숫자에서 작은 숫자 순서로 정렬을 합니다.

02 표 서식 사용하기

1. [B2] 셀을 클릭하고 [홈] 탭-[스타일] 그룹-'표 서식( )'을 클릭합니다.

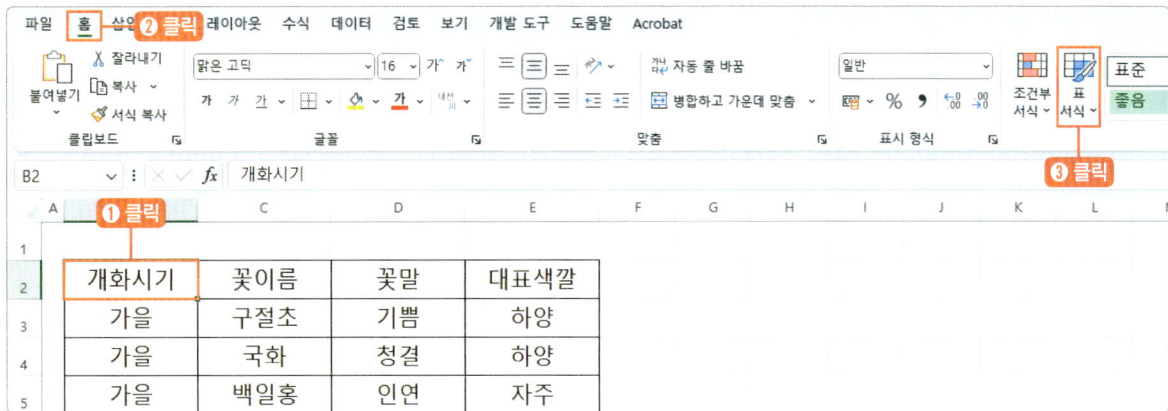

2. 표 서식에서 '황금색, 표 스타일 보통 12'를 선택합니다.

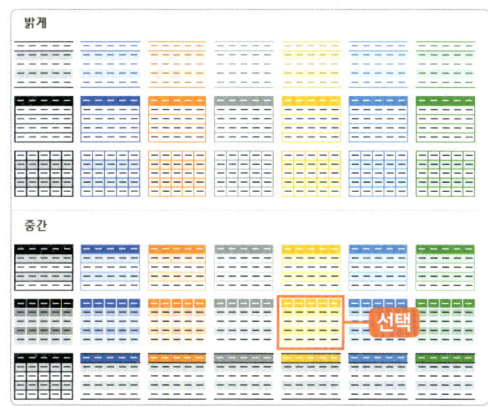

3. [표 만들기] 대화상자가 나오면 '머리글 포함'을 클릭한 후, <확인> 단추를 클릭합니다.

4. [B2] 셀을 클릭하고 마우스의 휠 버튼을 아래로 드래그하면 제목 셀이 행 머리글에 나타납니다.

03 필터 설정하고 결과를 다른 셀에 붙여넣기

1. [E2] 셀의 필터 목록 단추(▼)를 클릭한 다음 '모두 선택'을 클릭하여 모두 해제한 후, '빨강'을 클릭하고 <확인> 단추를 클릭합니다.

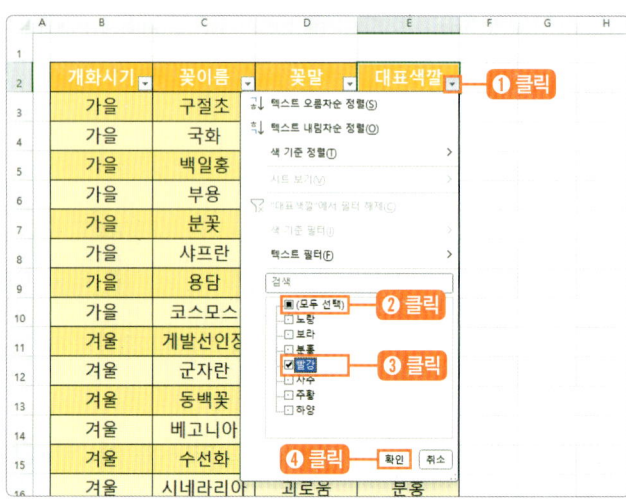

2. '대표색깔'이 '빨강'으로 필터가 된 것을 확인합니다.

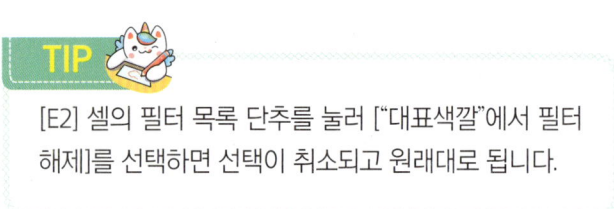

TIP
[E2] 셀의 필터 목록 단추를 눌러 ["대표색깔"에서 필터 해제]를 선택하면 선택이 취소되고 원래대로 됩니다.

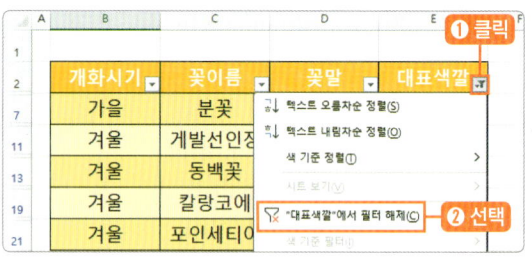

3. 필터 결과가 나온 셀을 드래그해서 선택하고 [홈] 탭-'복사'를 누르고 [B23] 셀을 클릭하여 [홈] 탭-'붙여넣기'를 클릭합니다.

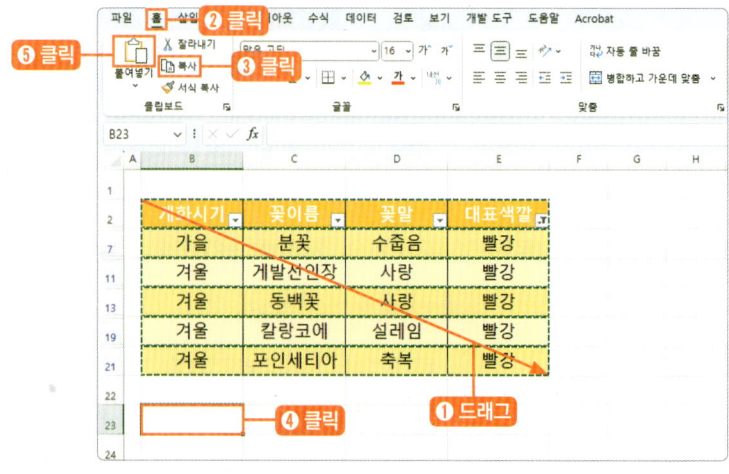

4. 필터 선택을 해제하고 저장할 폴더를 선택한 후, 파일 이름을 '꽃의 종류(완성)'으로 저장합니다.

CHAPTER 21 미션 수행하기

문제 01 ● 불러올 파일 : 미션수행 01.xlsx   ● 완성된 파일 : 미션수행 01(완성).xlsx

'미션수행 01.xlsx' 파일을 열어 아래 그림을 참고하여 완성해 봅니다.

① '개화시기', '꽃이름' 순으로 정렬합니다.
② 표 서식-'주황, 표 스타일 보통 17'을 적용합니다.
③ 대표색깔-'하양'을 필터 설정하고 결과를 복사한 후, [B25] 셀에 붙여넣기 합니다.

개화시기	꽃이름	꽃말	대표색깔
봄	개나리	희망	노랑
봄	모란	부귀	분홍
봄	목련	고귀함	하양
봄	민들레	희망	노랑
봄	벚나무	미인	하양
봄	복수초	영원한 행복	노랑
봄	수선화	신비	노랑
봄	유채	명랑	노랑
봄	은방울	행복	하양
봄	제비꽃	순진한 사랑	보라
봄	팬지	우정	자주
봄	히아신스	기쁨	하양
여름	나팔꽃	기쁨	보라
여름	노루발	은인	하양
여름	메밀꽃	연인	하양
여름	무궁화	끈기	보라
여름	쑥부쟁이	진리	보라
여름	장미	사랑	빨강
여름	카네이션	모정	빨강
여름	패랭이꽃	정절	분홍
여름	해바라기	동경	노랑

개화시기	꽃이름	꽃말	대표색깔
봄	목련	고귀함	하양
봄	벚나무	미인	하양
봄	은방울	행복	하양
봄	히아신스	기쁨	하양
여름	노루발	은인	하양
여름	메밀꽃	연인	하양

기상 현상을 연구하는 기상학자

● 불러올 파일 : 기온.xlsx ● 완성된 파일 : 기온(완성).xlsx

학습목표

- 숫자 표시 형식을 사용합니다.
- 기온 그래프를 만듭니다.

오늘 배울 기능 : 표시 형식, 차트

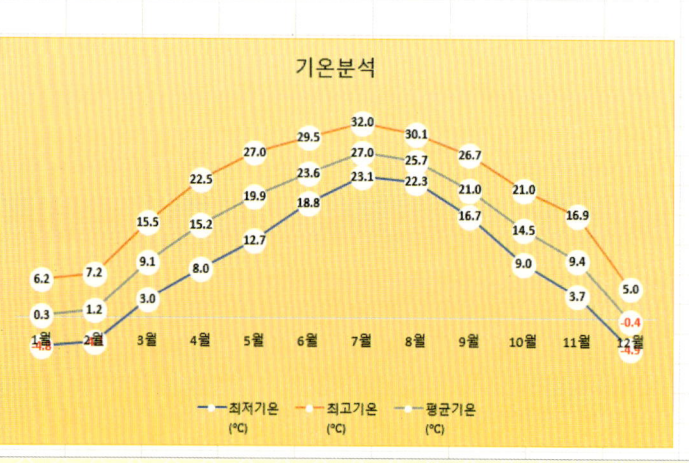

스토리 소개 기상청에서는 하늘과 바다, 지상의 공기 상태를 관측하는 장비들로 날씨를 관측하고 과학적인 지식을 종합하여 일기예보를 만들어요. 오늘은 표로 작성된 기온을 그래프로 변경해 보겠습니다.

01 표시 형식 지정하기

1. [Excel 2021]을 실행한 다음 [불러올 파일]-[CHAPTER 22]-'기온.xlsx' 파일을 불러옵니다.

2. [C4] 셀부터 [E15] 셀까지 드래그해서 선택하고 [홈] 탭-[표시 형식] 그룹-'표시 형식(⤢)'을 클릭합니다.

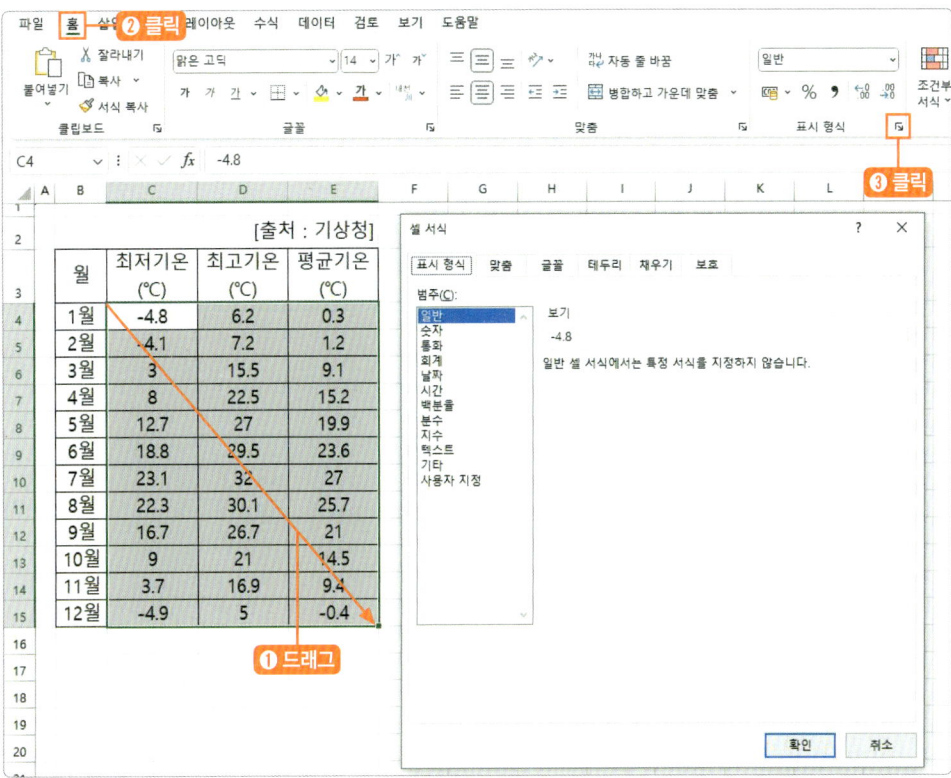

3. [셀 서식] 대화상자에서 [표시 형식] 탭-[범주]-'숫자'를 클릭하고 소수 자릿수의 위쪽 단추(▲)를 한 번 눌러 '1'로 변경한 후, [음수]에서 5번째 '-1234.0'을 선택하고 <확인> 단추를 클릭합니다.

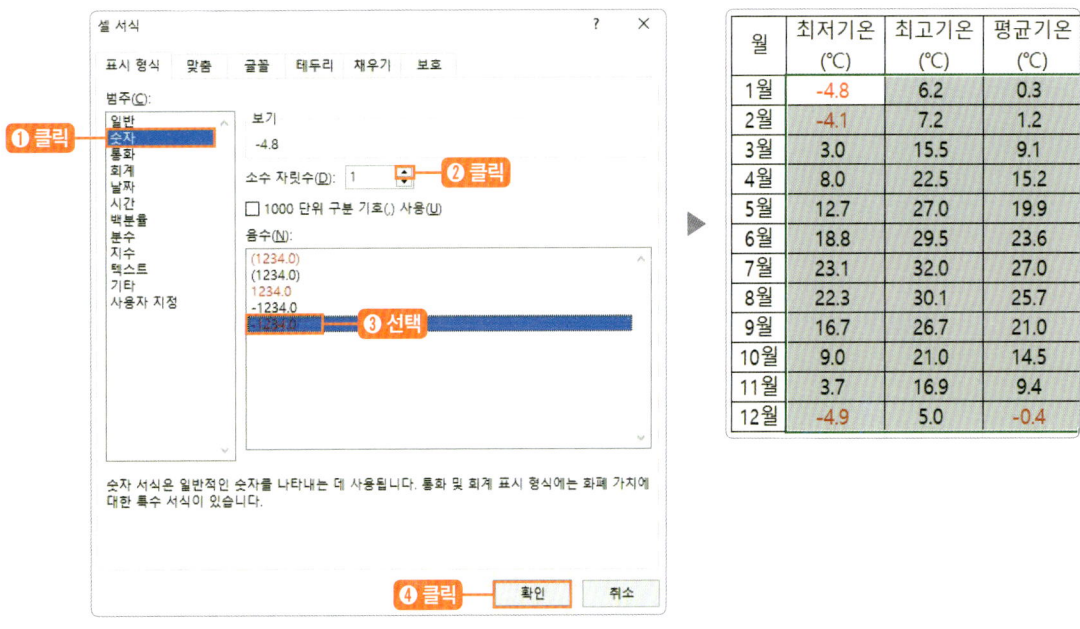

02 기온 변화 그래프 만들기

1. [B3] 셀부터 [E15] 셀까지 드래그해서 선택하고 [삽입] 탭-[차트] 그룹-[추천 차트( )]를 클릭합니다.

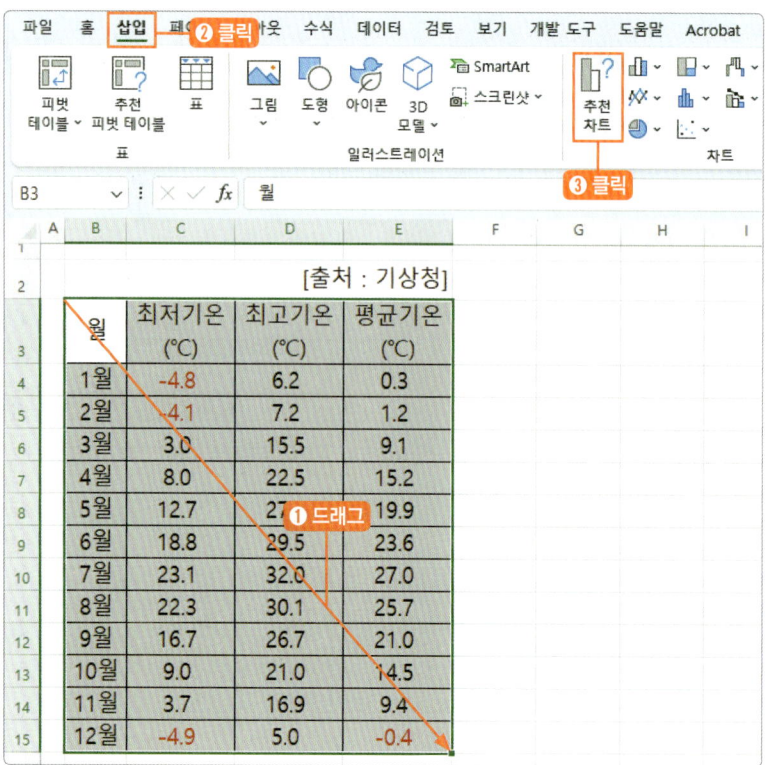

2. [차트 삽입] 대화상자가 나오면 '꺾은선형'을 클릭하고 <확인> 단추를 클릭합니다.

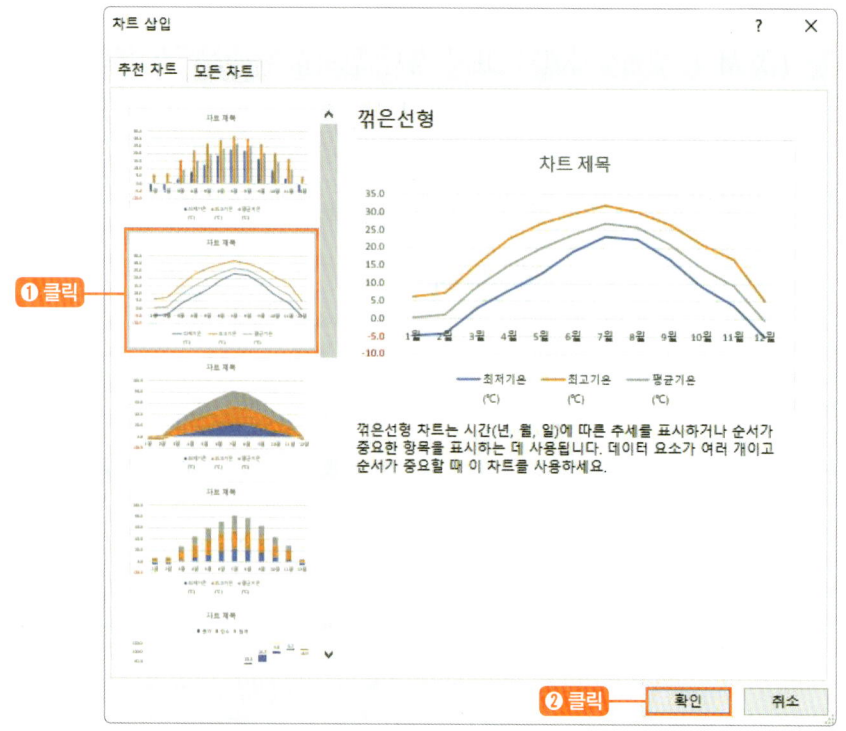

3. 삽입된 차트를 드래그해서 [F3] 셀 위치로 이동하고 오른쪽 아래 크기 조절점을 [N15] 셀까지 드래그해서 조절합니다.

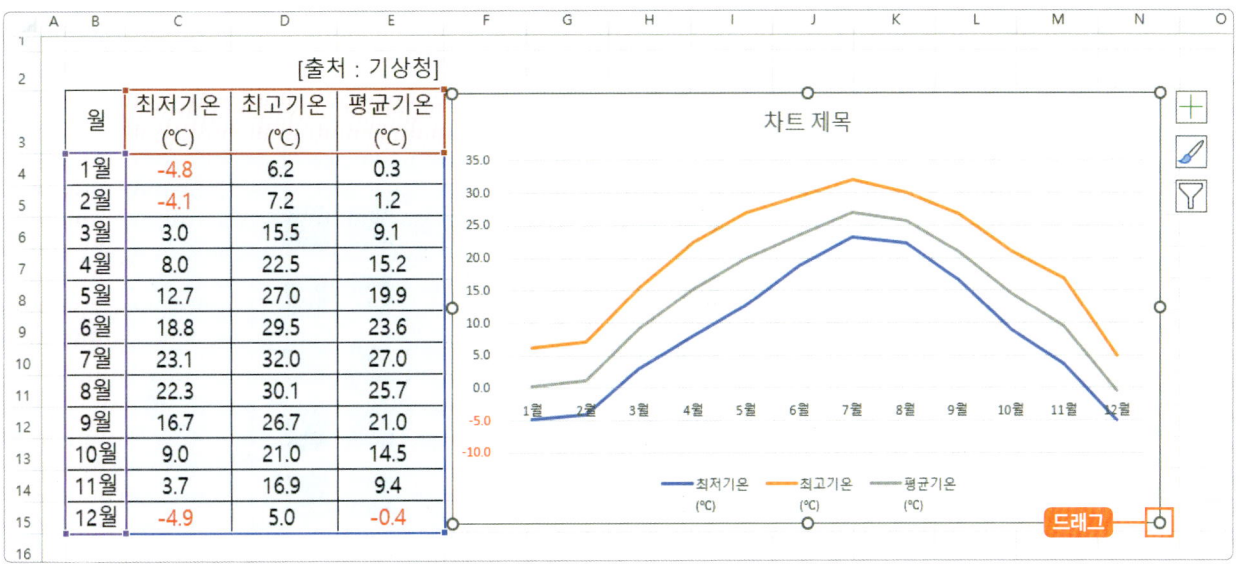

03 차트 수정하기

1. 삽입된 차트의 [차트 제목]을 세 번 클릭하여 '기온분석'으로 입력한 후, [차트 디자인] 탭-[차트 스타일] 그룹-'스타일 7'을 클릭합니다.

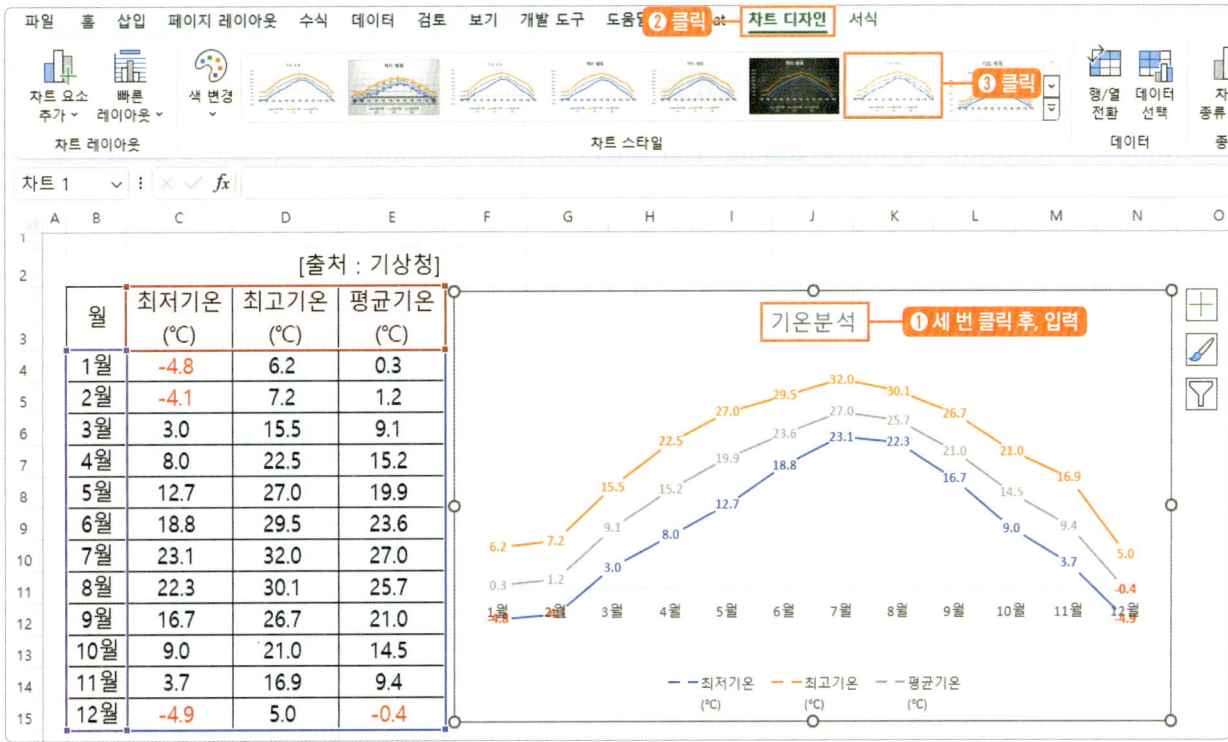

2. 차트 테두리 쪽(차트 영역)을 클릭하고 [서식] 탭-[도형 스타일] 그룹-'미세 효과 – 황금색, 강조 4'를 선택합니다.

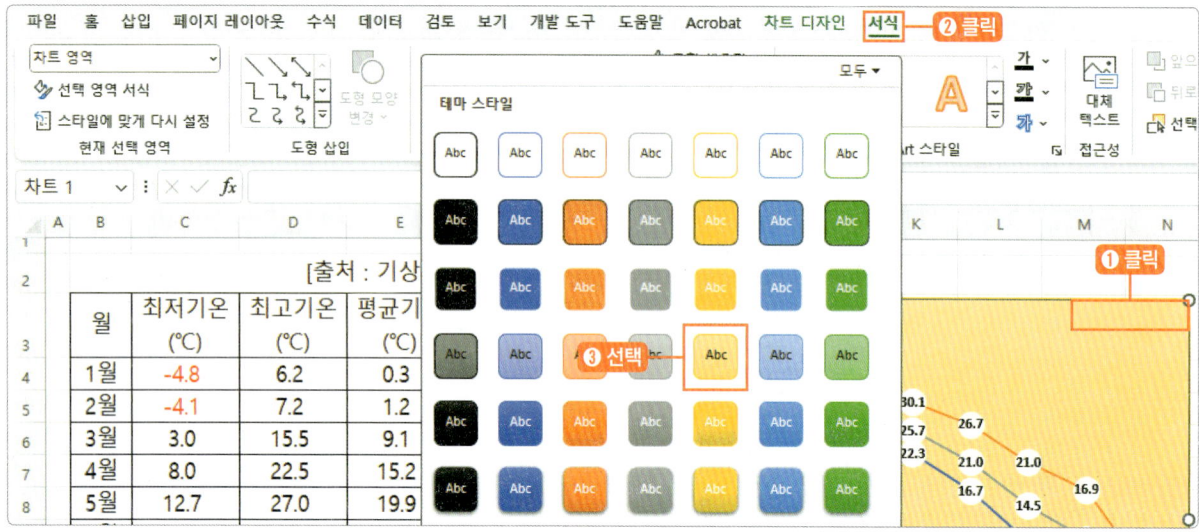

3. 완성된 차트를 확인한 다음 저장할 폴더를 선택한 후, 파일 이름을 '기온(완성)'으로 저장합니다.

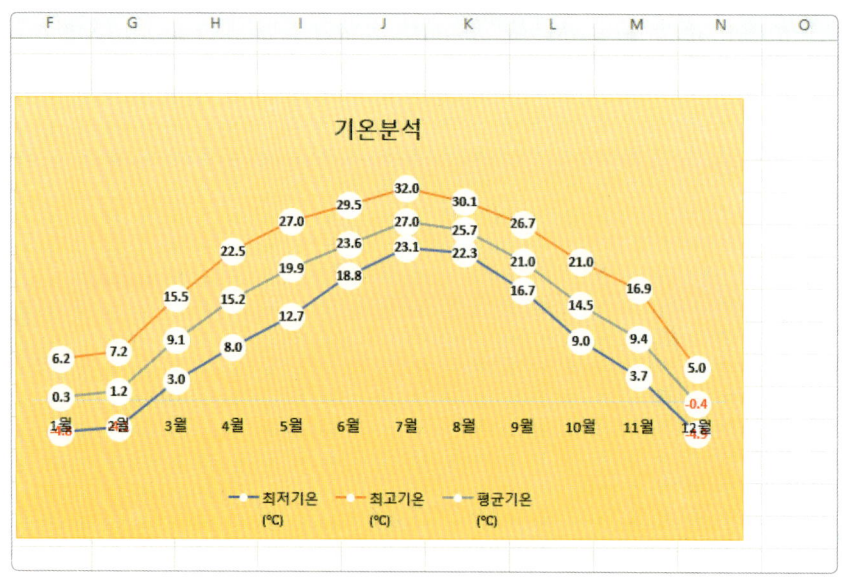

CHAPTER 22 미션 수행하기

문제 01 ●불러올 파일 : 미션수행 01.xlsx   ●완성된 파일 : 미션수행 01(완성).xlsx

'미션수행 01.xlsx' 파일을 열어 아래 그림을 참고하여 완성해 봅니다.

① [B3] 셀부터 [N4] 셀까지 드래그 → 추천 차트 : 묶은 세로 막대형 적용합니다.

② 차트 스타일과 도형 스타일을 설정합니다.

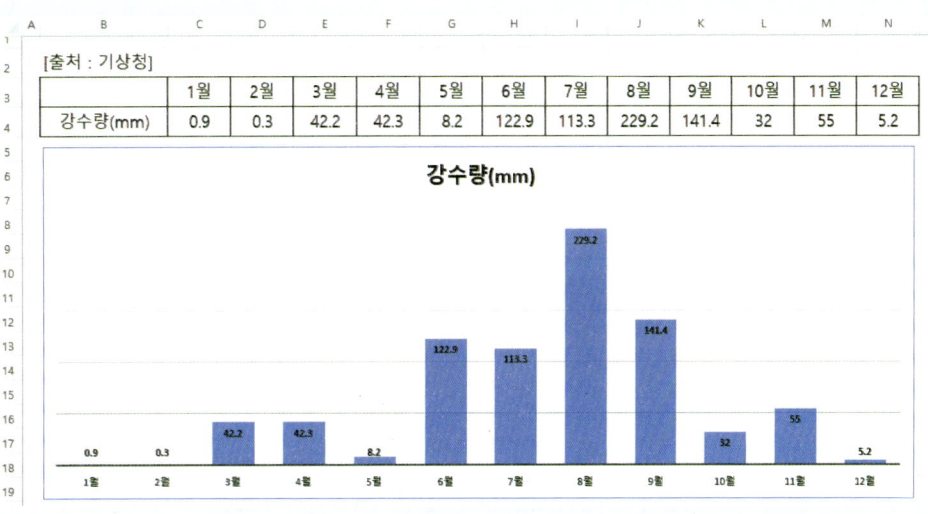

문제 02 ●불러올 파일 : 미션수행 02.xlsx   ●완성된 파일 : 미션수행 02(완성).xlsx

'미션수행 02.xlsx' 파일을 열어 아래 그림을 참고하여 완성해 봅니다.

① [B3] 셀부터 [N5] 셀까지 드래그 → 추천 차트 → 모든 차트 → 혼합 → 강수합 : 꺾은선형-보조 축 선택(☑) 합니다.

② 차트 제목을 삭제합니다.

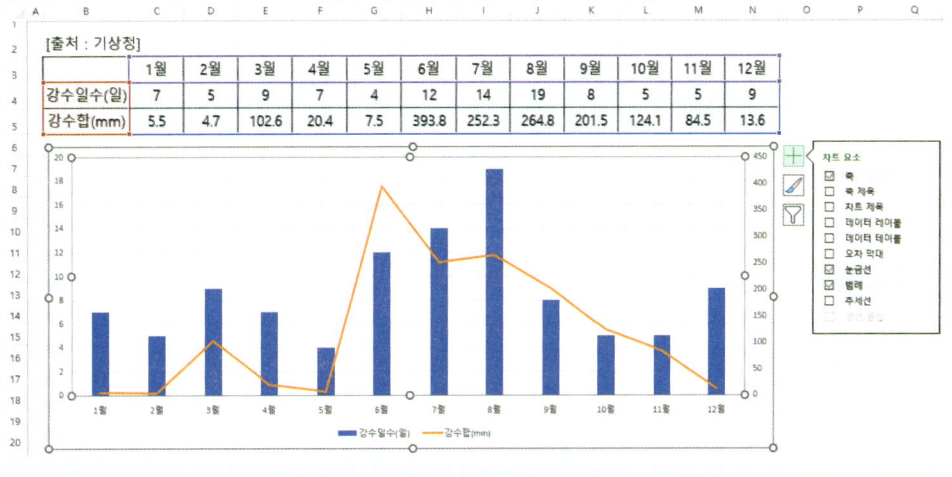

우리 식탁 위의 만찬

CHAPTER 23

● 불러올 파일 : 분식.xlsx   ● 완성된 파일 : 분식(완성).xlsx

학습목표

- 텍스트 표시 형식을 설정합니다.
- 사용자 지정 표시 형식을 설정합니다.
- 셀에 계산식을 입력합니다.

오늘 배울 기능 : 텍스트 표시 형식, 사용자 지정 표시 형식, 곱셈

완성작품 미리보기

	A	B	C	D	E	F	G
1							
2		단품		튀김		세트	
3		떡볶이	3,500원	김말이튀김	3,500원	김떡순	13,000원
4		어묵	4,000원	고구마튀김	5,000원	떡튀순	11,000원
5		순대	5,000원	어묵튀김	4,000원	김떡순튀	14,000원
6		라면	3,500원	만두튀김	5,000원	김떡순튀오	17,000원
7		김밥	1,500원	소시지튀김	3,500원	음료	
8		왕만두	4,000원	오징어튀김	3,500원	콜라	1,000원
9		쫄면	3,500원	새우튀김	3,500원	사이다	1,000원
10							
11		날짜	품명	판매갯수	합계금액		
12		03월 10일	김떡순	10개	130,000원		
13		03월 10일	고구마튀김	5개	25,000원		
14		03월 10일	순대	3개	15,000원		
15		03월 10일	떡볶이	4개	14,000원		

스토리 소개

음식은 한식, 중식, 일식, 양식 등 다양한 음식을 섭취합니다. 우리 친구가 좋아하는 음식은 무엇인가요? 오늘은 가족들과 함께 집 근처에 있는 분식집에 갔습니다. 여러 가지 맛있는 음식들을 먹고 계산을 하는 방법을 알아보겠습니다.

셀에 텍스트 표시 형식 사용하기

1. [Excel 2021]을 실행한 다음 [불러올 파일]-[CHAPTER 23]-'분식.xlsx' 파일을 불러옵니다.

2. [D3] 셀부터 [D9] 셀까지 드래그하고 [D3] 셀에서 마우스 오른쪽 단추를 눌러 [셀 서식]을 클릭합니다.

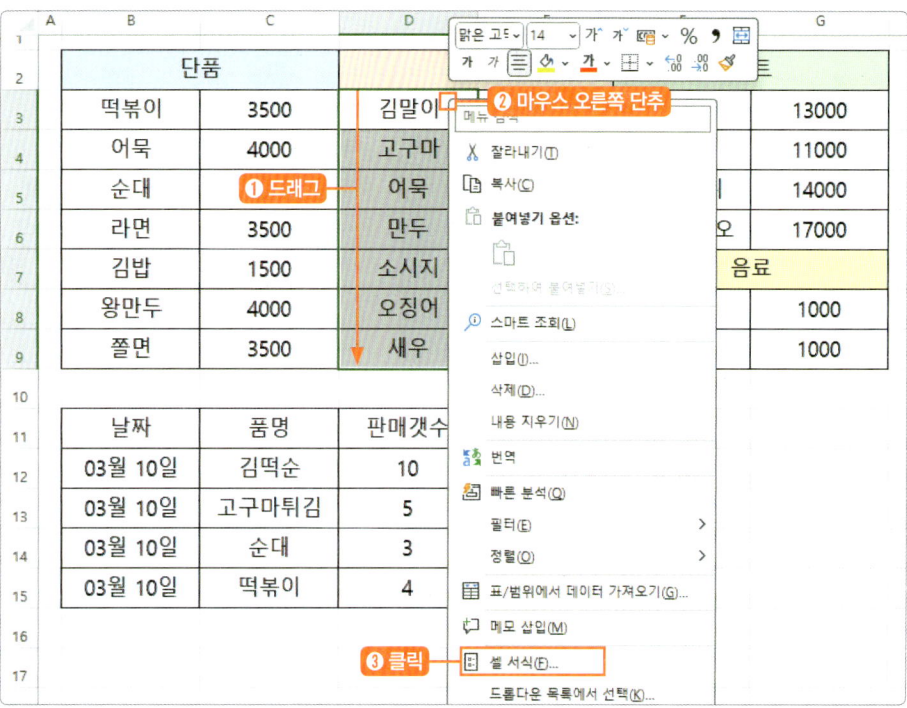

3. [셀 서식] 대화상자가 나오면 [표시 형식]-[사용자 지정]에서 형식 '@'를 찾아 선택하고 '@' 뒤에 '튀김'을 입력한 후, <확인> 단추를 클릭합니다.

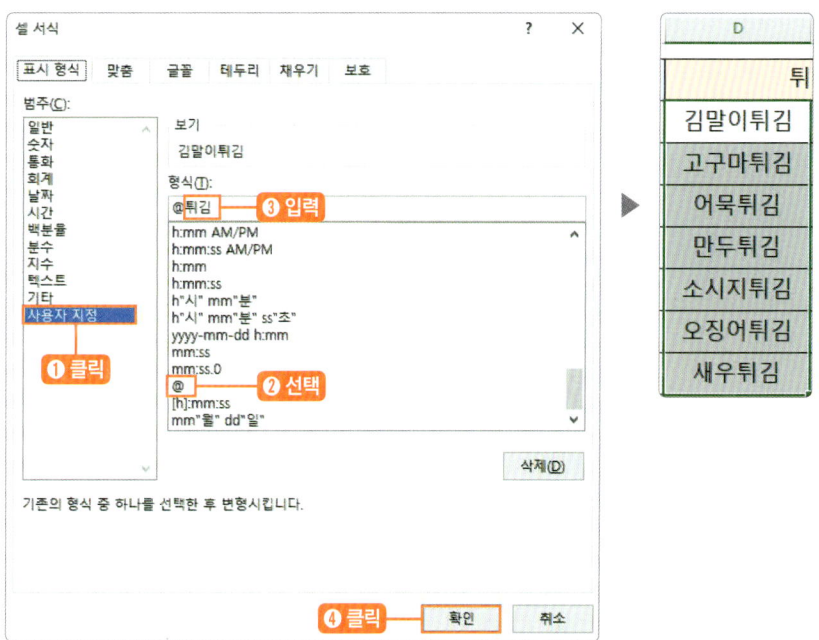

셀에 천 단위 표시 형식 설정하기

1. [C3] 셀부터 [C9] 셀까지 드래그하고 Ctrl 키를 누른 상태에서 [E3] 셀부터 [E9] 셀까지, [G3] 셀부터 [G6] 셀까지, [G8] 셀부터 [G9] 셀까지 드래그합니다. 이어서, 범위가 선택된 상태에서 마우스 오른쪽 단추를 눌러 [셀 서식]을 클릭합니다.

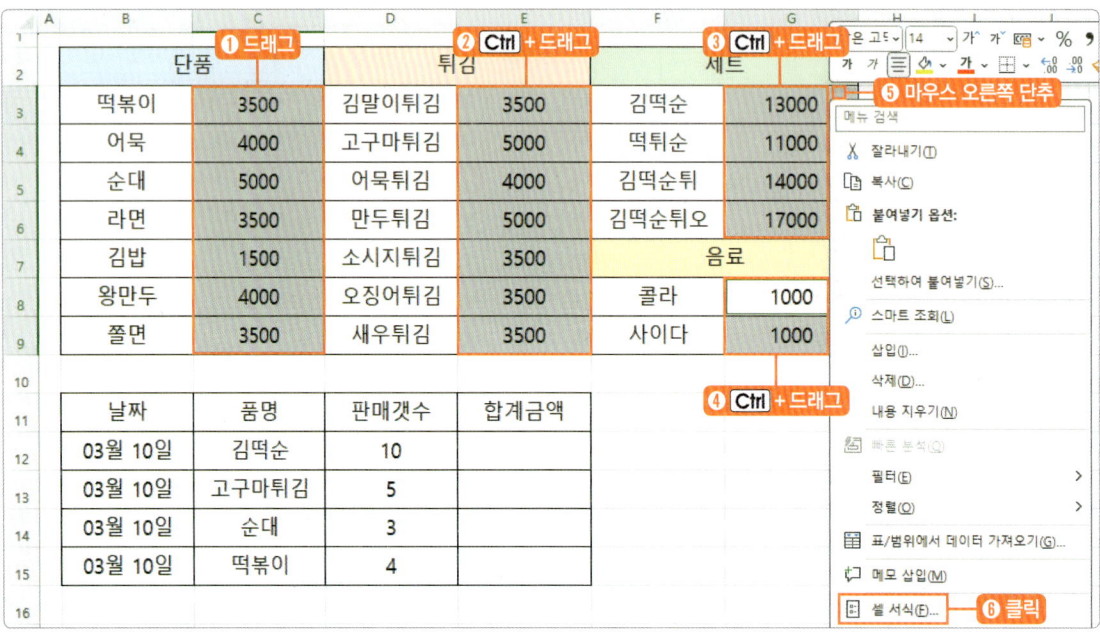

2. [셀 서식] 대화상자가 나오면 [표시 형식]-[사용자 지정]에서 형식에서 '#,##0'을 찾아 선택하고 '#,##0' 뒤에 '원'을 입력한 후, <확인> 단추를 클릭합니다.

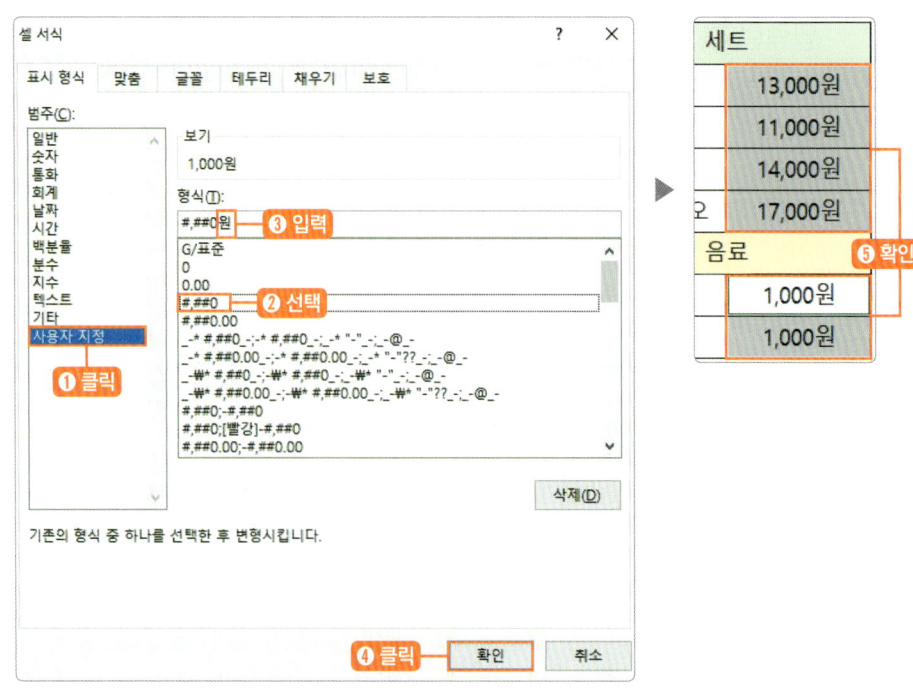

03 셀 계산하기

1. [E12] 셀에 '='을 입력한 다음 [D12] 셀을 클릭하고 '*'를 입력한 후, [G3] 셀을 클릭합니다. 이어서, 수식이 완성되면 Enter 키를 누릅니다.

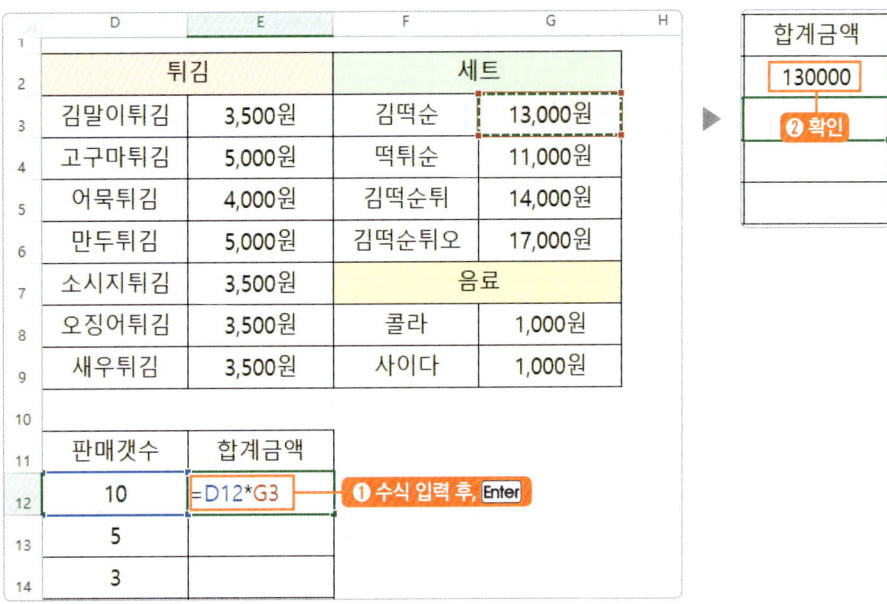

산술 연산자 알아보기
종류 : +(더하기), -(빼기), *(곱하기), /(나누기)

2. 같은 방법으로 수식을 만들고 Enter 키를 누릅니다.

3. [E14] 셀과 [E15] 셀에도 셀 값을 찾아 클릭하여 완성합니다.
   - [E14] 셀 : =D14*C5, [E15] 셀 =D15*C3

4. [E12] 셀부터 [E15] 셀까지 드래그해서 셀 서식을 '#,##0원'으로 입력합니다.

5. [D12] 셀부터 [D15] 셀까지 드래그해서 사용자 지정을 '0개'로 입력합니다.

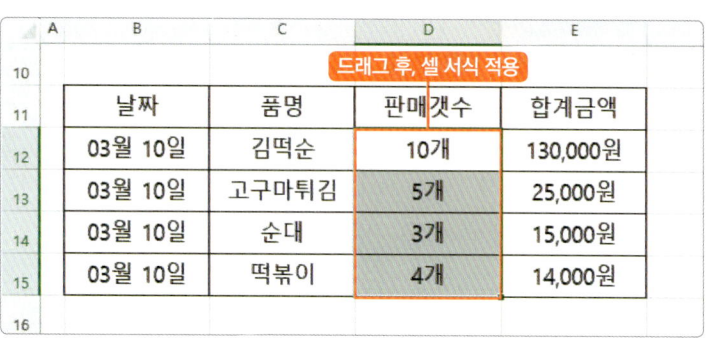

6. 저장할 폴더를 선택한 후, 파일 이름을 '분식(완성)'으로 저장합니다.

CHAPTER 23 미션 수행하기

문제 01 ● 불러올 파일 : 미션수행 01.xlsx ● 완성된 파일 : 미션수행 01(완성).xlsx

'미션수행 01.xlsx' 파일을 열어 아래 그림을 참고하여 완성해 봅니다.

① [C3] ~ [C9], [E3] ~ [E9], [G3] ~ [G6], [G8] ~ [G9] 영역에 쉼표 스타일(,)을 설정합니다.

② [E12] ~ [E16] 셀 계산식을 입력합니다.

③ [B12] ~ [B16] '3월 14일' 표시 형식을 설정합니다.

	A	B	C	D	E	F	G
1							
2		면류		밥류		요리류	
3		짜장	5,000	볶음밥	6,000	미니탕수육	10,000
4		간짜장	6,000	새우볶음밥	7,000	탕수육	17,000
5		우동	6,000	짬뽕밥	6,500	양장피	30,000
6		짬뽕	6,000	잡채밥	8,000	팔보채	33,000
7		해물짬뽕	8,000	짜장밥	5,500	세트	
8		굴짬뽕	6,000	오므라이스	7,000	세트1(짜장2+탕수육)	18,000
9		쟁반짜장	15,000	고추잡채밥	9,000	세트2(짬뽕2+탕수육)	20,000
10							
11		날짜	품명	개수	합계금액		
12		9월 11일	세트2	5	100,000	=D12*G9	
13		9월 11일	짜장	30	150,000	=D13*C3	
14		9월 13일	짬뽕	7	42,000	=D14*C6	
15		9월 13일	쟁반짜장	3	45,000	=D15*C9	
16		9월 13일	볶음밥	6	36,000	=D16*E3	

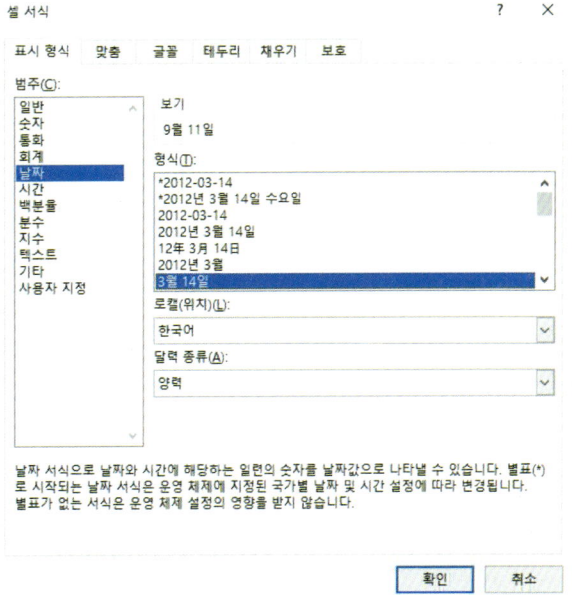

CHAPTER 23 우리 식탁 위의 만찬 ● 147

예술 작품을 창작하는 화가

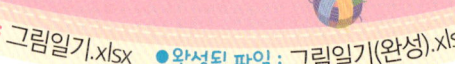
● 불러올 파일 : 그림일기.xlsx   ● 완성된 파일 : 그림일기(완성).xlsx

- 도형 채우기 투명하게 설정합니다.
- 개체를 삽입합니다.
- 그림을 그립니다.

오늘 배울 기능 : 도형 채우기, OLE 개체 삽입, 그림 그리기

완성작품 미리보기

스토리 소개 화가란 물감 또는 그림을 그릴 수 있는 도구를 이용하여 예술 작품을 창작하는 사람을 말합니다. 사물을 그림으로 표현하고, 선과 색, 장소 등을 조화롭게 구성하여 자신만의 상상력으로 예술 작품을 만들 수 있습니다. 오늘 있었던 일을 자유롭게 그림을 그리고 일기를 써보겠습니다.

01 도형 삽입하고 채우기 설정하기

1. [Excel 2021]을 실행한 다음 [불러올 파일]-[CHAPTER 24]-'그림일기.xlsx' 파일을 불러옵니다.

2. [B2] 셀, [D2] 셀, [G2] 셀을 각각 클릭하여 날짜를 입력합니다.

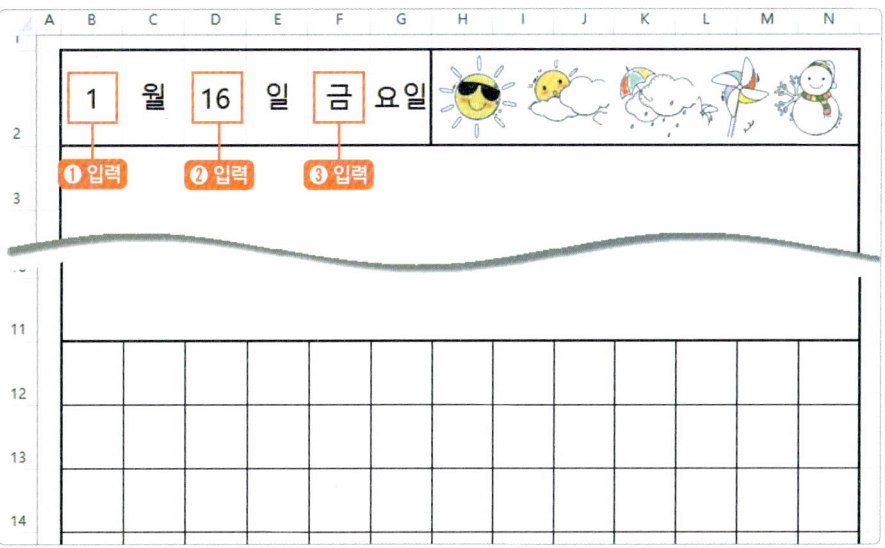

3. [삽입] 탭-[일러스트레이션] 그룹-[도형]-'타원'을 선택하고 드래그해서 그린 후, 놓고 싶은 날씨 그림 위로 이동하고 크기를 설정합니다.

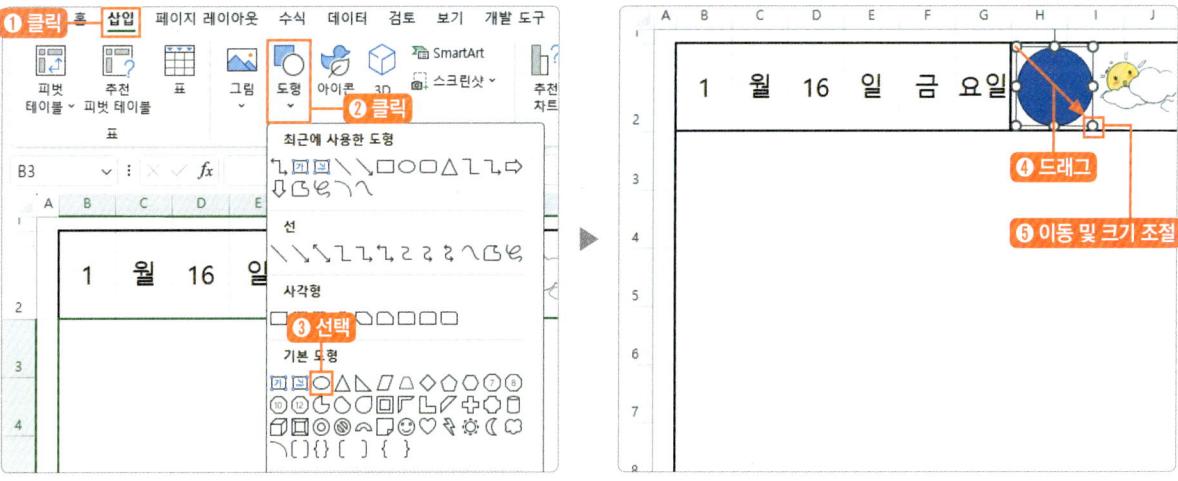

4. 삽입한 도형이 클릭된 상태에서 [도형 서식] 탭-[도형 스타일] 그룹-[도형 채우기]-'채우기 없음'을 선택합니다. 이어서, 도형 윤곽선의 색과 두께를 설정합니다.

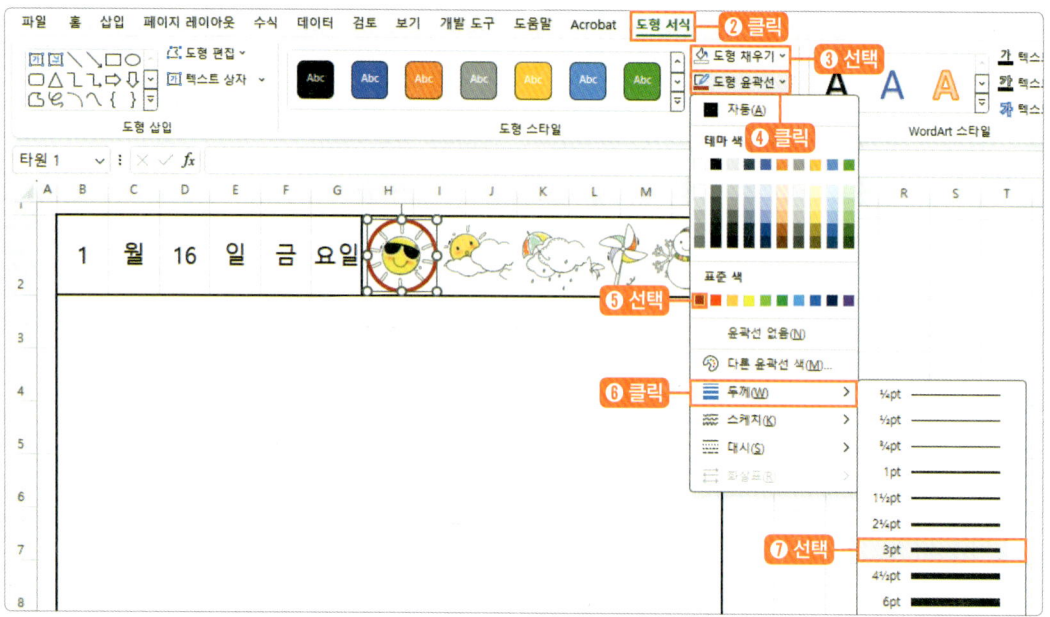

02 그림을 직접 그리기

1. [B3] 셀을 클릭하고 [삽입] 탭-[텍스트] 그룹-'개체( )'를 클릭합니다.

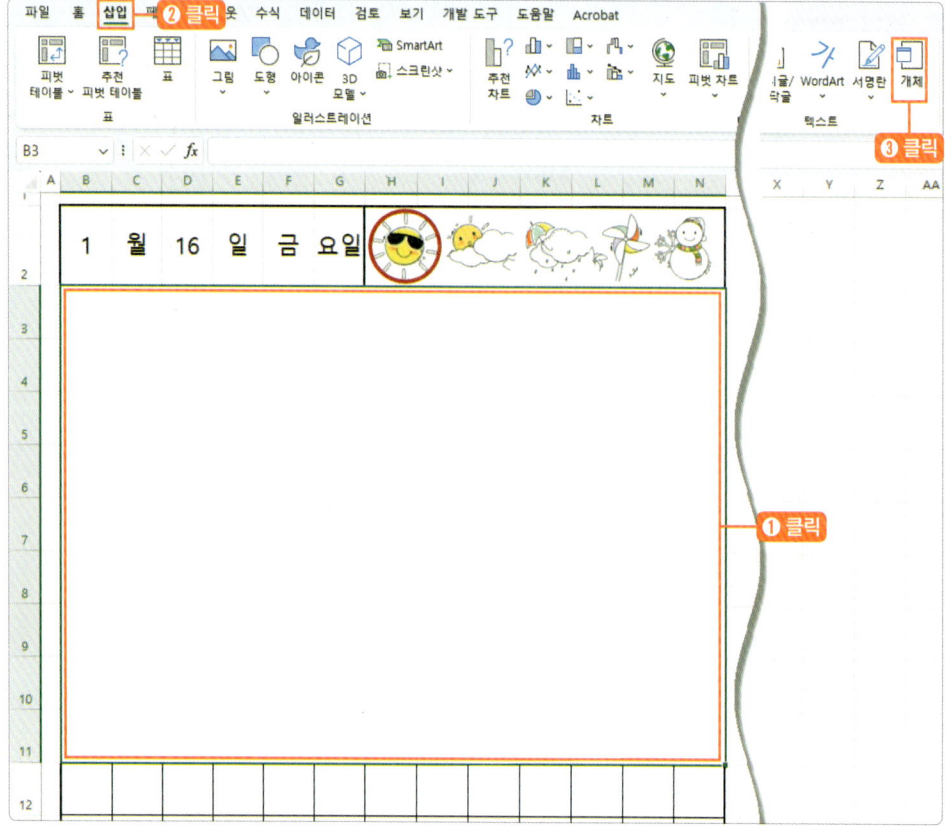

2. [개체] 대화상자가 나오면 [새로 만들기] 탭-'Paintbrush Picture'를 선택하고 <확인> 단추를 클릭합니다.
   ※ 윈도우10에서는 'Bitmap Image'를 선택해야 합니다.

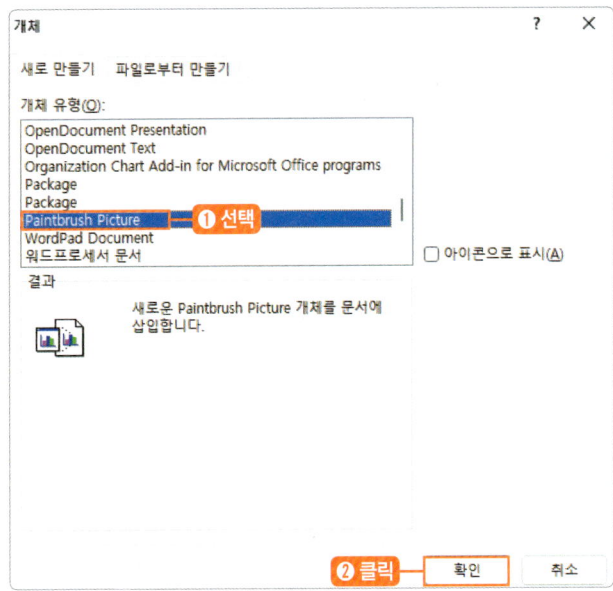

3. 그림판 앱이 실행되고 오른쪽(□)과 아래쪽(□)의 크기 조절점을 드래그해서 '670×460px'으로 설정합니다.

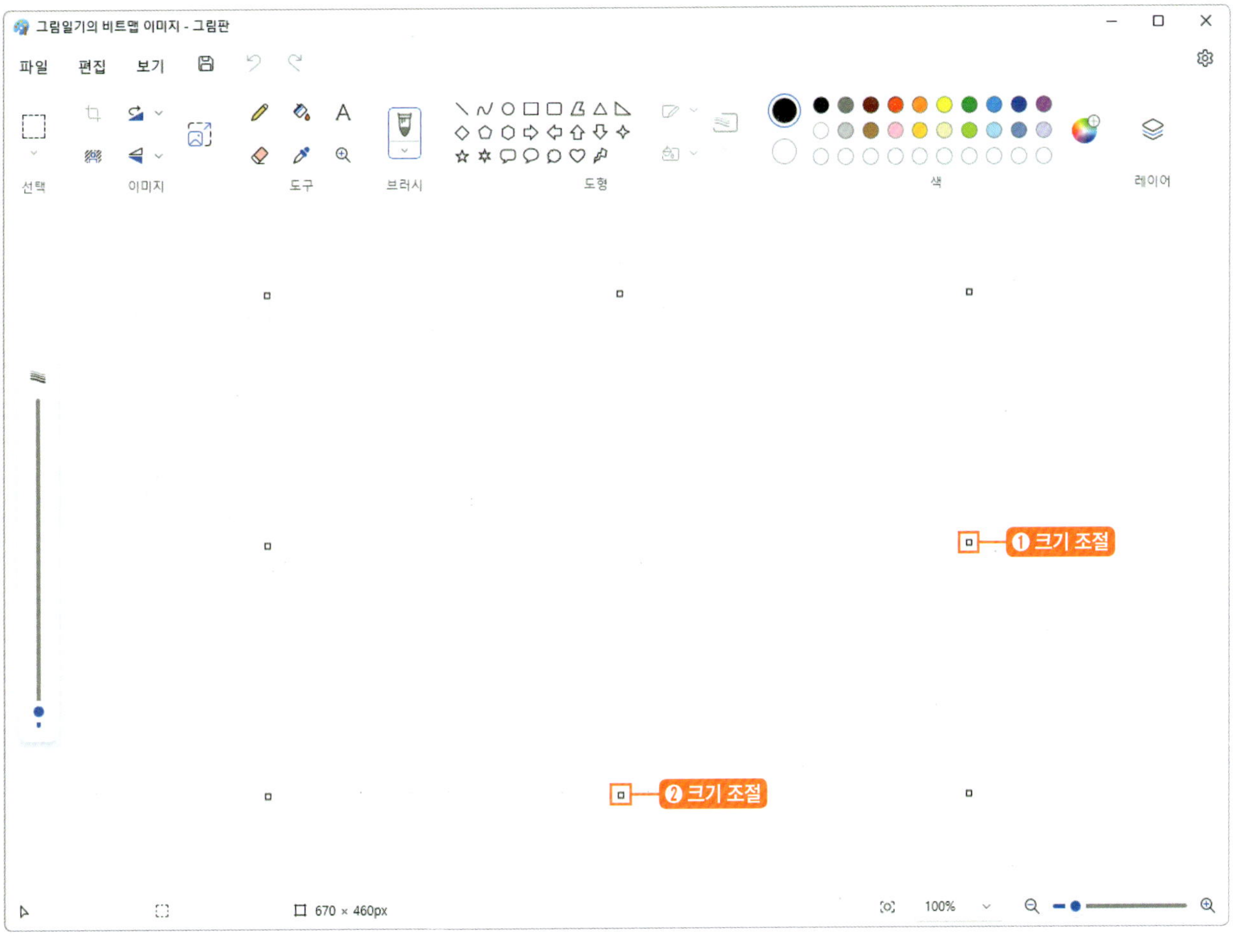

4. 자유롭게 그림을 그린 후, <닫기(X)> 단추를 누르면 그림이 삽입됩니다.

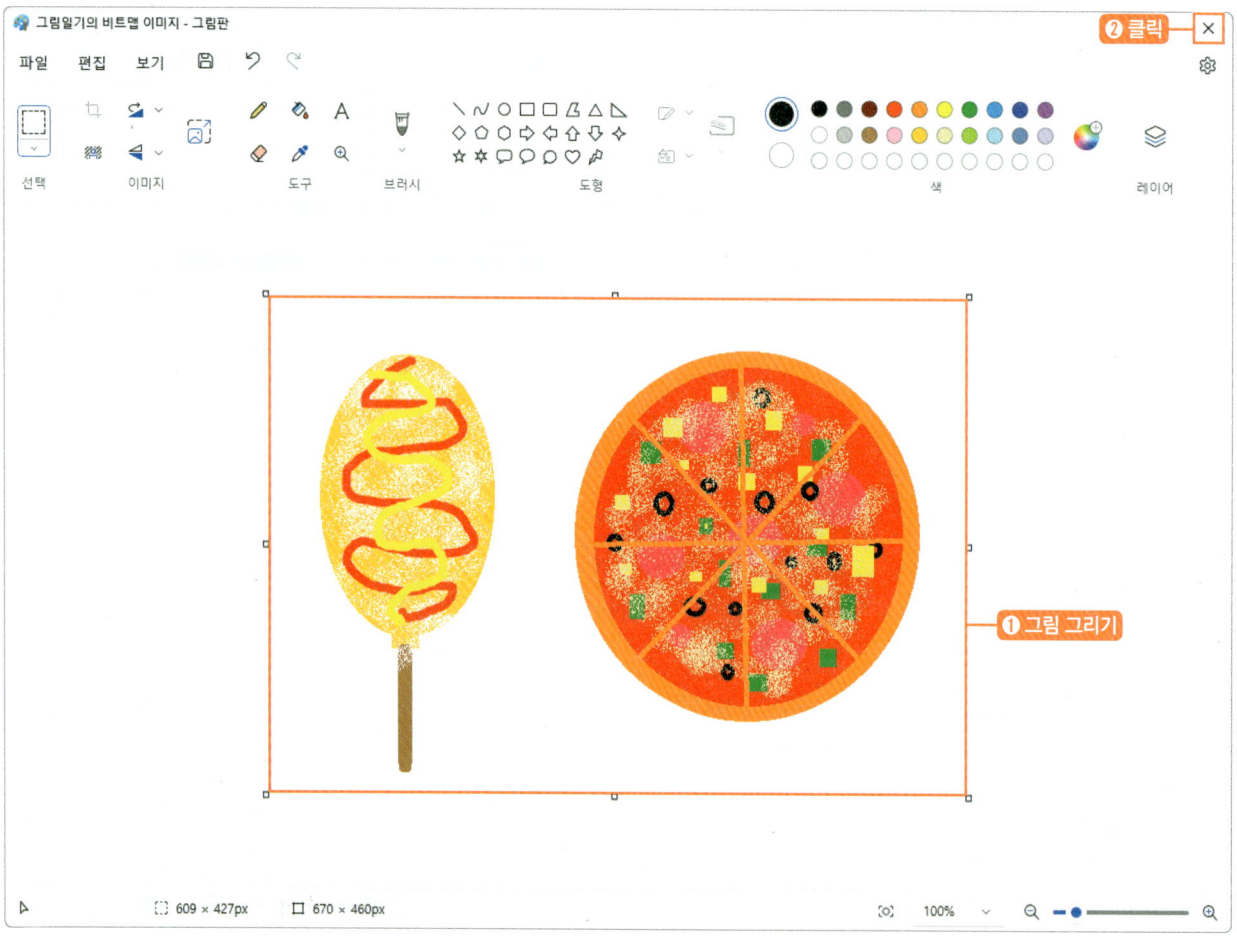

5. [B12] 셀부터 [N19] 셀까지 일기에 들어갈 내용을 입력합니다.

	A	B	C	D	E	F	G	H	I	J	K	L	M	N	O
12		오	늘	은		엄	청		행	복	한		날	이	
13		다	.			내	가		좋	아	하	는		핫	도
14		그	와			피	자	를		먹	었	다	.		그
15		리	고	,			책	도		또	박	또	박		읽
16		었	다	고			칭	찬	을		해	주	셨	다	.
17															
18															
19															

6. 저장할 폴더를 선택한 후, 파일 이름을 '그림일기(완성)'으로 저장합니다.

CHAPTER

24 미션 수행하기

문제 01　●불러올 파일 : 미션수행 01.xlsx　●완성된 파일 : 미션수행 01(완성).xlsx

'미션수행 01.xlsx' 파일을 열어 아래 그림을 참고하여 완성해 봅니다.

① 삽입된 그림을 더블 클릭하여 그림판이 나오면 색칠을 완성합니다.

CHAPTER 24　우리 식탁 위의 만찬 ● 153

스스로평가 중간점검 (01~12)

문제 01 ● 불러올 파일 : 중간점검 01.xlsx   ● 완성된 파일 : 중간점검 01(완성).xlsx

'중간점검 01.xlsx' 파일을 열어 규칙에 따라 완성해 봅니다.

 작업 순서

1. [C] 열부터 [H] 열까지 열 너비를 '14'로 설정합니다.
2. [C2] 셀부터 [H7] 셀까지 테두리를 임의대로 설정합니다.
3. [B6] 셀, [B7] 셀에 있는 '도넛' 그림들을 복사하여 [C2] 셀부터 [H7] 셀까지 같은 그림이 겹치지 않게 채웁니다.
4. [보기] 탭-[표시] 그룹-[눈금선]을 해제합니다.

| 문제 02 | ●불러올 파일 : 중간점검 02.xlsx ●완성된 파일 : 중간점검 02(완성).xlsx |

'중간점검 02.xlsx' 파일을 열어 자유롭게 완성해 봅니다.

 작업 순서

1. 꽃을 바구니 쪽으로 드래그해서 놓습니다.
2. 꽃을 복사하여 붙여넣기 해서 꽃의 개수를 더 많게 합니다.
3. 워드아트를 삽입하고 서식을 설정합니다.
4. 도형을 삽입하고 서식을 설정합니다.

스스로평가 최종점검 (13~24)

문제 01 ● 불러올 파일 : 최종점검 01.xlsx ● 완성된 파일 : 최종점검 01(완성).xlsx

'최종점검 01.xlsx' 파일을 열어 규칙에 따라 완성해 봅니다.

1. 눈금선을 해제합니다. [보기] 탭-[표시] 그룹-'눈금선'

2. 조건부 서식을 지정하여 숨어 있는 그림을 나타냅니다.
   모든 셀 선택-[홈] 탭-[스타일] 그룹-[조건부 서식]-[새 규칙]-'다음을 포함하는 셀만 지정]
   1 : 진한빨강, 2 : 노랑, 3 : 연한 녹색, 4 : 녹색, 5 : 파랑, 6 : 자주, 7 : 흰색, 배경 1

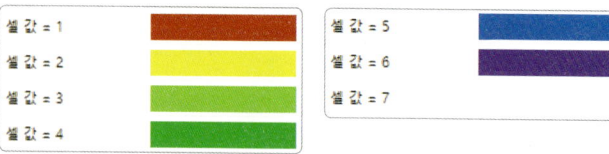

3. 무슨 그림인지 오른쪽 네모 칸에 적어보세요.

문제 02 ●불러올 파일 : 최종점검 02.xlsx   ●완성된 파일 : 최종점검 02(완성).xlsx

'최종점검 02.xlsx' 파일을 열어 규칙에 따라 완성해 봅니다.

 작업 순서

1. [Sheet1]의 [E23] 셀을 클릭하여 '경찰관'을 입력합니다.
2. [Sheet2]의 [F24] 셀을 클릭하여 '소방관'을 입력합니다.
3. 시트 이름을 수정하고 시트 색을 변경합니다.
   [Sheet1] → '경찰관', 파랑 / [Sheet2] → '소방관', 빨강
4. 각 시트에 삽입된 그림을 더블 클릭하여 색칠을 완성해 봅니다.

K마블 소개

아카데미소프트와 코딩아지트의 컴교실 **타자 프로그램**

[K마블이란?]

[K마블 인트로]

▶ 아직도 막 쳐! **'K마블'** 이라고 들어봤니?
▶ 키보드타자 + 마우스 + 문제해결능력은 물론 **블록코딩**과 **학습게임**까지
▶ 타자치는 인공지능 로봇 **키우스봇**과 함께하는 학습게임 타자 프로그램
▶ 모든 연습 내용은 **문해력**에 필요한 단어, 문장으로 구성
▶ 대전게임, 단어 연상 게임, 그래픽 고도화가 **업데이트** 되었습니다. 앞으로도 사용자 환경등 **지속적인 업데이트** 예정입니다.

K마블이 V 1.1로 업데이트 되었어요!
영어 버전도 준비하고 있어요^^

전체 메뉴 | K마블 튜토리얼 | 커스텀 프로필
레벨 평가 | 마우스 게임 | 온라인 대전

▶ **커스텀 프로필**
자신의 케릭터를 꾸밀 수 있는 기능이 추가되었습니다. 케릭터의 머리, 얼굴, 옷, 장신구를 변경하여 자신만의 개성있는 케릭터를 만들어 봅니다.

▶ **레벨평가 시안성**
레벨평가 화면이 이전 화면 보다 보기 좋게 변경되었습니다. 배운 내용을 복습하여 높은 점수에 도전해 봅니다.

▶ **마우스 학습 게임 - 사칙연산 게임**
사칙연산을 이용해 제시된 숫자를 만드는 게임입니다. 난이도에 따라 더하기, 빼기, 곱하기, 나누기를 이용하여 제시된 숫자를 만들어 봅니다. 쉬움 난이도부터 게임을 익혀 봅니다.

▶ **온라인 대전 게임 - 영토 사수 작전**
친구들과 일대일 온라인 대전 게임으로 오타 없이 빨리 타자를 입력하여 영토를 지배하는 게임입니다. 비슷한 타수의 친구와 대결하면 재미있는 승부를 볼 수 있습니다.

 ※ K마블 영어 버전은 2025년 상반기에 출시될 예정이에요^^

컴퓨터 타자 활용 능력 자격 평가 안내

컴퓨터 자격증의 시작!
컴퓨터 타자 활용 능력

| 시행처 : 국제자격진흥원

[민간자격등록]
K마블 한글타자(2024-001827)
K마블 영문타자(2024-002318)

▶ 자격증 개요
'컴퓨터 타자 활용 능력' 자격 평가 시험은 컴퓨터 입문자를 위한 기초 자격시험으로 ITQ 및 DIAT 등 컴퓨터 자격시험 이전에 간단한 타자 능력을 평가하는 기초 자격 평가 시험입니다.

▶ 시험 과목 및 출제 기준
컴퓨터 기초 이론 + 마우스 + 키보드(타자) + 문제해결능력(블록 코딩)으로 구성

시험과목	시간	문항수	배점	등급
컴퓨터 기초 이론	10	10	100	A등급 → 900점 이상
마우스 사용 능력	10	2	300	B등급 → 800점 이상
키보드(타자) 사용 능력	10	2	300	C등급 → 700점 이상
문제해결능력	10	2	300	D등급 → 600점 이상

▶ 자격증 특징
✓ **누구나 쉽게 온라인으로 진행**
- 교육기관에서는 단체 시험을 누구나 쉽게 온라인으로 원서접수 및 자격시험을 볼 수 있습니다.
- 교육기관은 교육 현장에서 교육 후 바로 시험을 볼 수 있습니다.
- 개인 응시자도 방문 접수 및 집체 시험 없이 온라인으로 원서접수 및 자격시험을 볼 수 있습니다.

✓ **타자 능력을 평가하는 컴퓨터 기초 시험입니다.**
- OA 과정 또는 ITQ 및 DIAT 등 컴퓨터 전문 자격증을 취득하기 이전에 필요한 기초 타자 자격 시험입니다.
- 컴퓨터를 처음 접하는 입문자들에게 컴퓨터 기초 지식과 타자 및 마우스 사용 능력을 평가하는 시험입니다.

✓ **학습과 시험이 간단 명료합니다.**
- K마블과 교재로 학습하고 해당 내용에서 출제하는 간단한 시험입니다.

✓ **모든 시험이 CBT 방식으로 컴퓨터에서 모두 시행됩니다.**
- 시험의 모든 과목이 컴퓨터에서 진행됩니다.

※ **2025년 상반기 첫 시험**이 시행됩니다. (별도 공지)

채점프로그램 MAG 소개

자격증의 새로운 변화!!
MAG 채점 프로그램

❶ 개인용 채점프로그램_MAG PER

▶ 개인을 위한 **채점프로그램**으로 각 자격증별 **시험 결과** 즉시 확인
▶ **메타인지** 통계 및 성적 프로그램으로 부족한 부분과 단점을 완벽히 보완
▶ **인공지능**으로 채점율 UP

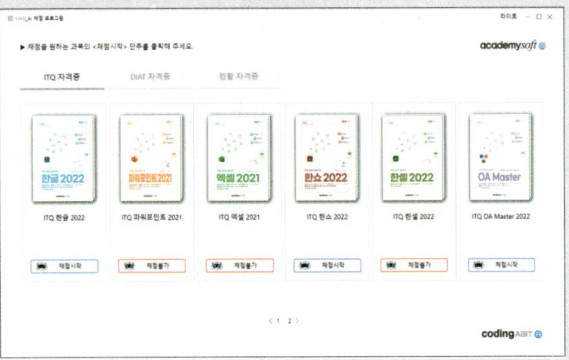
▲ 과목 선택

▲ 채점 결과

❷ 교육기관용 채점프로그램_MAG NET

▶ 선생님을 위한 또 다른 서비스를 제공합니다.
▶ 선생님을 위한 **온라인 채점프로그램**으로 접속한 수검자의 **시험 결과** 실시간 확인
▶ 시험종료 후 **성적통계**로 문제별 부족한 부분과 단점을 완벽히 보완
▶ **인공지능**으로 채점율 UP

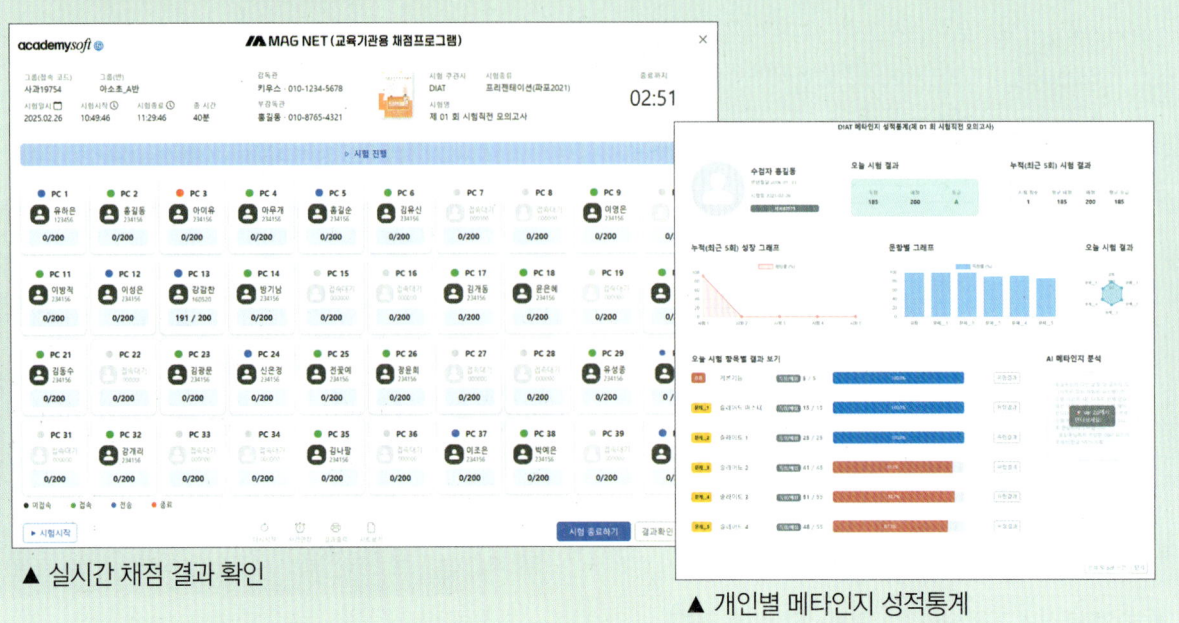
▲ 실시간 채점 결과 확인
▲ 개인별 메타인지 성적통계